AF423607

PISANDO ZAPATA

PISANDO ZAPATA

8 PASOS PARA ALCANZAR EL ÉXITO EN BIENES RAÍCES

Marbel Lugo

PISANDO ZAPATA

8 PASOS PARA ALCANZAR EL ÉXITO EN BIENES RAÍCES

Marbel Lugo

Corrección y edición de texto: INKtelligenz, S.R.L.

Diseño de portada y diagramación: INKtelligenz, S.R.L.

Impresión: Imprenta Amigo del Hogar Digital

ISBN 978-9945-09-132-8

Impreso y hecho en Santo Domingo, República Dominicana

ÍNDICE

A mi querido esposo, por siempre apoyarme y creer en mí.

A mis hijos Xavier, Laura e Isabella, por ser inspiración para mi crecimiento y por su amor incondicional.

A mis padres, por enseñarme el valor del aprendizaje y el trabajo.

LOS AMO

PRÓLOGO

Pisando Zapata es un proyecto educativo en el que Marbel Lugo ha estado trabajando con amor y vehemencia por un buen tiempo, y por el cual ha sacrificado momentos profesionales y familiares. Me consta el amor que ha puesto en cada una de estas páginas. Por ello, agradezco el honor de haber sido escogida por la autora para prologar este importante aporte a la profesión inmobiliaria. Muchos se imaginarán cómo me siento.

Hace más de quince años que conozco a Marbel, a quien he visto crecer como profesional y ser humano a partir de la Gerencia de Ventas para el desarrollo del Meliá Cocotal en Bávaro. Desde el primer momento entablamos una amistad sincera que ha perdurado hasta la actualidad, motivo por el cual me llena de orgullo el camino que ha escogido y que ha empezado a transitar.

La materia prima de este proyecto la conocimos por primera vez como taller educativo para agentes inmobiliarios en junio de 2015. Hoy tenemos el orgullo y el honor de presentarlo como bibliografía editorial inmobiliaria impresa en la República Dominicana, pionera en su clase. *Pisando Zapata* nace de manera tangible, en formato de libro, con enorme potencial para convertirse en la guía de consulta obligada para todos los involucrados en la venta inmobiliaria, como profesión y como modo de vida. También será de uso vital para novatos que ingresan al mercado de negocios inmobiliarios.

Se trata de un manual muy completo, orientado al conocimiento y al desarrollo del agente inmobiliario, creado también para servir como base en la formación de equipos de ventas e, igualmente, como diario de consulta individual, de investigación y de actualización para los que ya cuentan con experiencia adquirida. Indiscutiblemente, *Pisando Zapata* es el resultado de las inquietudes que mueven a gente joven, preparada e innovadora, a tono con los nuevos tiempos del sector inmobiliario y decidida a aportar sus propias perspectivas -incluso desde otras profesiones-, fusionando nuevas tecnologías con las prácticas comunes y tradicionales en el campo de la profesión.

Esta contribución de Marbel Lugo al sector inmobiliario es la suma de sus experiencias propias, de sus prácticas, de sus conocimientos adquiridos en el manejo diario del mercado, en conjunto con una labor investigadora que ha realizado en su trayectoria profesional como vendedora, gerente, instructora, motivadora y coach. *Pisando Zapata* es una guía inmobiliaria completa, ligera, didáctica y fácil de digerir. Como obra editorial cuenta con una presentación impecable y un moderno diseño gráfico, característicos de la autora en todos sus proyectos. Este primer paso bibliográfico es definitivamente un gran avance y un presagio positivo del futuro de la profesión inmobiliaria en la República Dominicana.

Felicidades Marbel, ¡éxitos!

Olga Gómez Cuesta
Vicepresidenta Ejecutiva
Asociación de Agentes y Empresas Inmobiliarias

INTRODUCCIÓN

Para iniciar y emprender en cualquier negocio existen pilares y pasos fundamentales que se deben tener en cuenta, sabiendo que el cambio es constante y que si bien existen procesos básicos en el negocio inmobiliario, nos debemos mantener innovando de acuerdo a los tiempos. Ahora más que nunca el agente inmobiliario debe estar al tanto del reiterado movimiento del mercado en el que trabaja.

El negocio de bienes raíces ha experimentado cambios sustanciales en los últimos años, lo que ha requerido que nos reinventemos cambiando la manera de ver el mercado y de hacer las cosas. Esto se debe a que si bien el mercado inmobiliario es grande y crece diariamente, también es propenso a variaciones en aspectos esenciales como el valor de los inmuebles, los cuales en cuestión de poco tiempo se pueden ver afectados por las fluctuaciones de la economía local o mundial.

El agente inmobiliario de hoy también debe de ser un gran conocedor de las nuevas herramientas de ventas, del *marketing digital* y de todos los canales para llevar de la mejor manera el proceso de ventas, pudiendo además servir como consejero a su cliente, tanto para los asuntos legales como para los asuntos económicos. Como si no bastara con el conocimiento del mercado y con las técnicas de ventas, el carisma también es una virtud que los asesores inmobiliarios deben cultivar para cerrar cualquier trato con un posible comprador. Así, podemos señalar múltiples características que se hacen indispensables para el éxito del asesor inmobiliario de nuestros tiempos. En este sentido, en el plano personal el agente de bienes raíces debe presentar las siguientes cualidades:

- **Proyectar seguridad:** Debe creer en sí mismo y en su trabajo, de manera que proyecte tranquilidad a su cliente, es decir, debe inspirar confianza.

- **Asesorar:** El gran secreto de un buen agente inmobiliario es ser un verdadero asesor de sus clientes. Con su conocimiento y experiencia debe ser capaz de anticiparse, reconocer y satisfacer las dudas y necesidades de estos.

- **Sentir orgullo de su profesión:** Debe trabajar en lo que realmente le gusta y ama, lo cual supone una gran ventaja personal y profesional. El optimismo y la pasión se transmiten y se perciben de manera natural como algo realmente positivo.

- **Tener un estilo propio:** Debe tener un sello personal que lo diferencie de los demás agentes inmobiliarios. Cada ser es único con sus debilidades y fortalezas; por eso, encontrar ese valor agregado que ningún otro puede proporcionar es lo que le hace tener un estilo propio.

- **Enfocarse:** Debe estar enfocado en su trabajo, en sus metas y sus objetivos. Debe tener un plan de acción, siendo responsable y manteniendo un nivel de compromiso que le haga salir constantemente del estado de conformidad para avanzar en su carrera. La constancia es un arma y el agente la utiliza actuando.

- **Conocer las bases del liderazgo:** El agente debe inspirar a los demás, crear confianza y desarrollar a su equipo, porque un buen líder es ante todo un puente de unión entre las personas.

- **Ser un gran negociador:** El agente actual está formado como un gran negociador. Estudia constantemente sobre técnicas de ventas y consigue acuerdos equilibrados y beneficiosos para todas las partes que participan en el proceso inmobiliario.

- **Tener valores:** Los valores son fundamentales. La transparencia y la honradez son los mejores pasaportes para viajar en cualquier profesión. El sector inmobiliario no es la excepción.

- **Perseverar:** Los agentes de éxito son personas con determinación, que siguen adelante y persisten hasta alcanzar lo que se proponen. Se mantienen firmes y constantes, y es esta habilidad la que les hace superar los obstáculos. Siguen adelante y no se detienen; ese es su éxito.

Sabiendo esto, podemos empezar a poner los pies sobre el terreno, identificando los pasos adecuados y el conocimiento requerido para ser un profesional de éxito en bienes raíces.

En función de los retos que enfrenta todo emprendedor, y muy especialmente un agente inmobiliario, he creado una guía práctica para aquellos que deseen insertarse como profesionales en esta área, o aquellos que ya se desenvuelven en este mundo y desean alcanzar otro nivel. Espero que sea del agrado de quienes se animen a explorar el contenido de estas páginas, permitiéndoles mejorar sus ingresos, ser más efectivos y lograr el éxito que esperan en el negocio de bienes raíces. A continuación, conoceremos los ocho pasos esenciales para iniciar y prosperar en bienes raíces.

CONOCE EL TERRENO

Sobrevolando la zona de Bávaro, de repente, Tito, quien fue la persona que me introdujo en el mundo de los bienes raíces, me dijo: "Ese terreno que ves ahí abajo es donde construiremos el proyecto; es lo que vamos a vender". Yo, con los ojos bien abiertos, me dije a mí misma: "¡Pues yo veo esto vacío!".

Para mí, aquel lugar parecía más bien una selva en medio de la nada. La verdad, a pesar de estar recién graduada de mi Maestría en Administración de Negocios (MBA, *Master in Business Administration*) y de haber participado del mundo de los negocios, tenía una idea muy vaga de lo que era en sí un plano catastral o un *master plan* de un proyecto inmobiliario, los cuales son conocimientos vitales para comprender el mercado de bienes raíces. Lo que sí tenía claro es que esa extensión en su totalidad debía ser vendida, y que era yo quien la debía vender.

Sabía que el éxito de esta misión dependería del entusiasmo y la pasión con que emprendiera esta nueva etapa en mi trayectoria profesional, así que, con esas emociones en mano, me dediqué a conocer el negocio. Me entregué en cuerpo y alma a estudiar cómo mercadear este nuevo proyecto de acuerdo a los estándares de los propietarios, logrando así los objetivos planteados en aquel momento. Todo esto pasó sin saber que el negocio de bienes raíces se convertiría en mi *modus vivendi* a partir de aquel instante.

En el proceso, descubrí que este negocio es muy interesante y apasionante. Vemos cómo muchos hombres y mujeres exitosos a nivel internacional han hecho parte de su fortuna con proyectos de desarrollo de este tipo. Es por esto que hoy en día existen cada vez más profesionales interesados en ingresar en el negocio inmobiliario, aunque muchos no conocen en realidad cuáles son las implicaciones de ser corredor de bienes raíces. Incluso, lastimosamente, llevan su carrera de una manera muy fría sin asimilar como su trabajo le cambia la vida a sus clientes. En muchas ocasiones me he preguntado si realmente entienden lo que significa vender un inmueble.

Desde mi punto de vista, vender un inmueble va más allá de una simple transacción de un bien que no puede desplazarse de un lugar a otro por estar ligados a la tierra, como nos dice su definición más teórica y formal. Creo que los inmuebles son una especie de ser vivo y como tal, cada uno es diferente del otro. Incluso, si están ubicados en el mismo lugar siempre habrá una diferencia, ya sea gracias a características puntuales como la vista, o el panorama que nos regala cada propiedad, la altura, el norte, etc. Cada inmueble posee rasgos tangibles e intangibles que forman parte de su ADN, lo definen y le otorgan personalidad propia.

Un inmueble es una obra de arte concebida por la visión de quien lo diseña, y que ve la luz en el momento que es ejecutado, construido o utilizado de manera específica. Desde ese instante tiene vida propia y en su entorno ocurren muchas cosas, como emociones y momentos memorables. Es donde habita la vida misma, donde crecen las familias. Es así, cumpliendo con este ciclo natural, que en un tiempo limitado llega a su muerte, ya sea por obsolescencia o recambio.

Ya hemos sido testigos, en pleno siglo XXI, de cómo en ciudades como Las Vegas, Estados Unidos, los hoteles antiguos son tirados con explosivos para dar vida a nuevos proyectos, más lujosos, modernos, necesarios o simplemente mejor adaptados a las necesidades del momento. Por eso, como corredores de bienes raíces debemos saber en qué punto de vida se encuentra un inmueble para determinar cuáles serán sus posibles usos al momento de la venta.

Ahora bien, también entiendo que al ser profesionales de ventas inmobiliarias es nuestra responsabilidad tener conocimientos del concepto de un inmueble en el ámbito legal, así como sobre los demás agentes que influyen en el mercado inmobiliario. Por eso, en la continuidad de este capítulo nos dedicaremos a conocer **el marco legal** de la República Dominicana respecto de los bienes inmuebles.

Concepto legal de un bien inmueble
El concepto de inmueble está previsto y definido en el artículo 517 del Código Civil dominicano. Se divide en dos categorías: *1)* **por su naturaleza y** *2)* **por su destino.** Veamos cada uno de forma detallada.

Los **inmuebles por naturaleza** son aquellas cosas que en razón de su naturaleza misma no pueden trasladarse por sí solas ni por efecto de una fuerza exterior. La condición exigida en este concepto es su adherencia al suelo. Podríamos decir entonces que un edificio cumple perfectamente con este concepto. Por otra parte, cuando hablamos de **inmuebles por destino,** complicamos un poco más el concepto. Los inmuebles por destino son en realidad bienes muebles, pero se encuentran afectados a un inmueble por naturaleza. Un ejemplo podría ser el tractor que trabaja la colonia de caña. En este caso, el legislador ha conferido al tractor el mismo régimen jurídico que al inmueble por naturaleza porque constituyen una misma entidad económica. Entonces, son también inmuebles por destino aquellos muebles que el propietario haya colocado en la finca permanentemente.

Por eso, cuando una hipoteca recae sobre un inmueble por naturaleza, se extiende a los muebles que le están destinados. En estos casos, la jurisprudencia exige que el mueble sea indispensable para la explotación del inmueble. Ahora bien, para que exista una conversión de un mueble en inmueble por destino es necesario que surjan algunas condiciones, por ejemplo:

a. Hace falta la voluntad del propietario del inmueble por naturaleza de crear un vínculo entre el mueble y el inmueble.

b. Tanto el mueble como el inmueble por naturaleza deben pertenecer al mismo propietario.

c. El mueble debe estar destinado al inmueble por naturaleza.

En las ventas en general y en el mercado de bienes raíces en particular, intervienen diversos factores que no siempre dependen de la actuación del vendedor, pero influyen directamente en el éxito del negocio. Existen algunas causas que son ajenas y lejanas al vendedor, algunas que son más cercanas y otras que dependen del vendedor directamente. Por esto, antes de embarcarse en el negocio inmobiliario, uno de los puntos más importantes consiste en identificar esos **agentes que confluyen en el mercado.**

Aprovechando la connotación y el auge de los *influencers* en los medios actualmente, he decidido llamar a estos agentes "influenciadores", ya que el término aplica perfectamente tanto en el campo de las redes sociales como a los bienes raíces.

Influenciadores en el mercado inmobiliario

Los influenciadores son los entes que están allí y que siempre influyen en el precio y la valoración de los proyectos inmobiliarios. Cambian de un lugar a otro debido a sus leyes y normativas, políticas públicas, creencias, normas y formas de organizar el territorio. El Estado es probablemente el influenciador más determinante del mercado inmobiliario en cualquier país, por lo que me extenderé hablando de este en primer lugar.

1. El Estado

El Estado de cualquier país es el principal garante de la propiedad privada. Todos los Estados democráticos velan para que la misma se respete. Esto es lo que permite que el dueño del bien mueble o inmueble tenga su uso, goce y disfrute. La Dirección General de Registro de Títulos y la Dirección General de Mensuras Catastrales, así como las oficinas locales que de ellas dependen, son los órganos del Estado responsables de coordinar y dirigir el registro de propiedades y de las operaciones inmobiliarias. Una jurisdicción especializada de tribunales de tierras tiene competencia exclusiva para conocer de los casos sobre derecho inmobiliario y su registro. Vamos a ver cómo se da esto específicamente en nuestro país.

En la República Dominicana el derecho de propiedad y las operaciones inmobiliarias se rigen principalmente por la Constitución, el Código Civil, la Ley 108-05 de Registro Inmobiliario y sus reglamentos, y la Ley 5038 sobre Condominios y sus modificaciones. Asimismo, el Estado es el que maneja los parámetros dentro del sistema catastral y las leyes que forman el entramado de esta delicada labor.

El **artículo 51 de la Constitución de la República Dominicana**, vigente desde enero del año 2010, reconoce y garantiza el derecho de propiedad y su función social. Gracias a esta disposición, las personas gozan, disfrutan y disponen de sus bienes. Indica que ninguna persona puede ser privada de su propiedad, sino por causa justificada de utilidad pública o de interés social, previo pago de su justo valor. De igual forma, garantiza la no existencia de confiscaciones o decomiso por razones políticas, salvo en los casos de bienes propiedad de personas físicas o jurídicas, nacionales o extranjeras, que tengan su origen en actos ilícitos cometidos contra el patrimonio público.

En cuanto a la **Ley 108-05 de Registro Inmobiliario** del 23 de marzo de 2005 (modificada por la Ley 51-2007), tiene por objeto regular el saneamiento y el registro de todos los derechos reales inmobiliarios, principales o accesorios, cargas, gravámenes y medidas provisionales que sean susceptibles de registro, en relación a los inmuebles que componen el territorio de la República Dominicana. El Estado, a fin de cumplir con el objeto de la Ley 108-05 y, en adición, garantizar la legalidad de las operaciones que afecten derechos reales inmobiliarios de la República Dominicana, se vale de los órganos competentes que integran la Jurisdicción Inmobiliaria. A continuación, presentamos brevemente estos órganos.

a. **Tribunales Superiores de Tierras:** Son tribunales colegiados que conocen en segunda instancia de todas las apelaciones que se interpongan contra las decisiones que emanen de los tribunales de jurisdicción original dentro de su jurisdicción territorial. En la actualidad existen cuatro con jurisdicción para conocer asuntos de los diferentes departamentos judiciales del país.

b. **Tribunales de Jurisdicción Original:** Son tribunales unipersonales que conocen en primera instancia todas las acciones que sean de la competencia de la Jurisdicción Inmobiliaria, mediante el apoderamiento directo por parte del interesado y de acuerdo a su delimitación territorial. Se encuentran adscritos a un Tribunal Superior de Tierras. En la actualidad existen veintitrés tribunales de jurisdicción original, uno en cada provincia sede de un Registro de Títulos, con excepción de Azua, que no cuenta con un Registro de Títulos.

c. **Dirección Nacional de Registro de Títulos:** Es un órgano de carácter nacional que coordina, dirige y regula el funcionamiento de las Oficinas de Registro de Títulos locales. Tiene su sede en Santo Domingo, Distrito Nacional. Las Oficinas de Registro de Títulos son órganos subordinados a la Dirección Nacional de Registro de Títulos que se encargan de expedir los certificados de títulos, los cuales prueban la existencia del derecho de propiedad. Asimismo, realizan todos los asientos de cargas, gravámenes, transferencias y modificaciones parcelarias después del saneamiento, cancelando y expidiendo nuevos certificados en los casos que fueran necesarios.

Actualmente existen veinticuatro oficinas de Registro de Títulos a nivel nacional.

d. **Dirección Nacional de Mensuras Catastrales:** Es un órgano de carácter nacional, con sede en la ciudad de Santo Domingo, Distrito Nacional, que se encarga de coordinar y dirigir el desenvolvimiento de las Direcciones Regionales de Mensuras Catastrales. Asimismo, ofrece soporte técnico a la Jurisdicción Inmobiliaria a fin de lograr que los inmuebles puedan ser determinados, ubicados e individualizados y documentados a través de un plano catastral. Las Direcciones Regionales de Mensuras Catastrales son órganos supeditados a la Dirección Nacional de Mensuras Catastrales y se encargan de conocer, controlar, aprobar o rechazar los trabajos técnicos y otorgar la designación catastral de las parcelas bajo su jurisdicción. En la actualidad existen cuatro Direcciones Regionales de Mensuras Catastrales.

Dichos órganos y todos los procesos de su competencia, así como los servicios que ofrece la Jurisdicción Inmobiliaria, son regulados complementariamente por una serie de reglamentos, los cuales son:

- El Reglamento de los Tribunales Superiores de Tierras y de Jurisdicción Original de la Jurisdicción Inmobiliaria, modificado por Resolución No. 1737-2007 del 12 de julio de 2007.
- El Reglamento General de Registro de Títulos,

instituido por Resolución No. 2669-2009 del 10 de septiembre de 2009, y sus modificaciones.
- El Reglamento General de Mensuras Catastrales, regido por la Resolución No. 2454-2018 del 19 de julio de 2018.
- El Reglamento para la Regularización Parcelaria y el Deslinde, regido por la Resolución No. 2454-2018 del 19 de julio de 2018.

Estos últimos dos reglamentos regulan los actos de levantamiento parcelario, es decir, aquellos actos de levantamiento territorial practicados con el fin de constituir, modificar, verificar o reconocer el estado parcelario de los inmuebles. A mi juicio, todo agente inmobiliario debe reconocer los principales actos de levantamiento parcelario. Estos son:
- La mensura para saneamiento.
- La modificación parcelaria.
- La subdivisión.
- La refundición.
- La urbanización parcelaria.
- La regularización parcelaria.
- El deslinde.

Los dos últimos (la regularización parcelaria y el deslinde) están regulados en la Resolución No. 355-2009 de la Suprema Corte de Justicia, que por su importancia en materia inmobiliaria requiere de mayor profundización.

Según este texto, el **procedimiento de regularización parcelaria** es el acto de levantamiento parcelario por medio del cual todos los titulares de constancias anotadas de común acuerdo, ubican, determinan e individualizan una o varias de sus porciones de parcelas por la vía administrativa, por mediación y sujeto a la aprobación de la Dirección Regional de Mensuras Catastrales, de conformidad a las condiciones y según el procedimiento establecido en el Reglamento y otras disposiciones, para luego ser remitido al Registro de Títulos correspondiente.

La **constancia anotada** es un documento emitido por el Registro de Títulos que, sin contar con designación catastral propia ni con un plano individual de mensura debidamente aprobado, acredita la existencia de un derecho de propiedad sobre una porción de parcela. Es importante tener esto claro para entender mejor el párrafo anterior.

Ahora bien, para que el procedimiento de regularización parcelaria pueda llevarse a cabo deben tipificarse las siguientes condiciones: (a) la existencia de un acuerdo o no objeción voluntaria por escrito de todos los titulares de constancias anotadas vigentes dentro del ámbito de la parcela a regularizar; y (b) el establecimiento de la calidad de propietario en una Certificación de Derechos de Propiedad Vigentes en la parcela objeto del procedimiento, expedida por el Registro de Títulos correspondiente.

Continuando con nuestro recorrido por el mundo legal inmobiliario en la República Dominicana, entiendo que todo agente inmobiliario debe saber cuáles son los principales procedimientos llevados a cabo por la Jurisdicción Inmobiliaria, ya que en cualquier momento de nuestra carrera profesional podemos necesitar manejar alguno de ellos.

a. **Saneamiento:** es un proceso de orden público por medio del cual se determina e individualiza el terreno, se depuran los derechos que recaen sobre él y estos quedan registrados por primera vez. Este proceso puede ser promovido por el Estado o por toda persona física o jurídica que reclame o posea un derecho sobre un inmueble no registrado. Solo los tribunales de la Jurisdicción Inmobiliaria son competentes para conocer del proceso de saneamiento. Consta de tres etapas: una técnica, una judicial y una registral.

i. **Técnica:** es la fase en la que mediante un acto de levantamiento parcelario realizado por un agrimensor, se ubica, determina e individualiza el terreno sobre el cual se consolida el derecho de propiedad. Esta etapa finaliza con la aprobación técnica de las operaciones por la Dirección Regional de Mensuras Catastrales territorialmente competente. Estos trabajos técnicos deben cumplir con condiciones particulares de publicidad, a fin de resguardar el derecho de los colindantes del inmueble a deslindar.

ii. **Judicial:** es la fase en la que se dilucidan las contestaciones que puedan surgir, dígase, cuando el deslinde se torna litigioso. Se lleva a cabo mediante un proceso contradictorio ante el Tribunal de Jurisdicción Original, observando las garantías necesarias para que todos los titulares de constancias anotadas sobre la misma parcela y los titulares de cargas y gravámenes puedan hacer los reclamos que consideren pertinentes. No se lleva a cabo cuando no surge contradicción u oposición de parte de los colindantes la etapa judicial, pasándose directamente a la etapa registral.

iii. **Registral:** al superar los pasos indicados en el párrafo anterior, el proceso es remitido al Registro de Títulos a fin de que sea expedido el Certificado de Título correspondiente y sea habilitado el Registro Complementario del inmueble deslindado.

b. **Litis sobre derechos registrados:** Es el proceso contradictorio que se introduce ante la Jurisdicción Inmobiliaria en relación con un derecho o inmueble registrado. Se inicia ante el Tribunal de Jurisdicción Original territorialmente competente.

c. **Desalojo de inmuebles registrados:** Procedimiento mediante el cual se libera un inmueble registrado de cualquier ocupación ilegal

d. **Partición de inmuebles registrados:** Es el procedimiento mediante el cual se hace cesar el estado de indivisión entre los copropietarios, coherederos y/o copartícipes de un inmueble registrado. Solo los tribunales de la Jurisdicción Inmobiliaria son competentes, y se inicia ante el Tribunal de Jurisdicción Original territorialmente competente. En los casos de partición amigable, esta se ejecuta por la vía administrativa.

Para los inmuebles que no se encuentren registrados conforme a la Ley 108-05 rige el sistema ministerial, en el cual el Estado interviene por medio del Conservador de Hipotecas para el registro de operaciones inmobiliarias. En este sistema se transcriben los documentos en vez de registrar los derechos. La transcripción o registro se hace en razón de la persona, diferenciándose de la Ley 108-05, en la cual el registro se hace en razón del inmueble.

Cabe mencionar que además del marco normativo, los gobiernos también impactan el negocio de bienes raíces con sus políticas públicas, incluyendo sus decisiones fiscales y monetarias, las medidas tendentes a preservar la seguridad jurídica y los incentivos para hacer crecer sectores como el turismo, la agricultura o, en general, la inversión inmobiliaria.

Otros influenciadores muy importantes son las instituciones bancarias, las instituciones privadas, los agrimensores, los abogados y las fiduciarias.

2. Instituciones bancarias

En cuanto a los bancos o al sistema financiero, son los que funcionan como facilitadores de fondos para todo tipo de transacciones. Me atrevería a decir que estos son los principales responsables del desarrollo de las grandes ciudades, pues en muchos casos, además de proveer los financiamientos, colaboran como gestores, facilitadores o inversionistas en grandes proyectos inmobiliarios. Son aliados constantes en materia de infraestructura, tanto privada como gubernamental.

3. Instituciones privadas

Las instituciones privadas que influyen dentro del sector están relacionadas con empresas de ingeniería y arquitectura. Estas influencian motorizando los cambios a nivel de mercado desde el punto de vista del desarrollo, la promoción y la calificación de áreas por tipos de diseño, productos, materiales utilizados y construcciones que se realizan en diferentes zonas.

4. Agrimensores

Por su parte, los agrimensores son los profesionales

encargados de la ubicación, identificación, delimitación, medición y representación del espacio y la propiedad territorial, ya sea pública o privada, urbana o rural, tanto en su superficie como en su profundidad, así como también del control geométrico de obras.

5. Abogados

En cuanto a los abogados, son a grandes rasgos aquellos que hacen posible que se realicen transacciones transparentes con la mayor garantía y aval. Se encargan de toda la parte legal, de los documentos de compra y venta, etc.

6. Fiduciarias

Existe además la figura de las fiduciarias, las cuales actúan como un intermediario, habiendo sido creadas para administrar bienes y recursos para fines específicos. La figura del fideicomiso comenzó a ganar espacio de una forma más activa en el mercado financiero de la República Dominicana a partir de la aprobación y puesta en práctica en el país de la Ley 189-11 sobre Desarrollo del Mercado Hipotecario y el Fideicomiso.

Por otro lado, los proyectos inmobiliarios varían en función de diversos factores intrínsecos y extrínsecos que determinan el precio y el tipo de proyecto. Por ejemplo, no se deben emprender proyectos urbanísticos en tierras agrícola fértiles, ni tampoco sería rentable hacer proyectos agrícolas en tierras infértiles. Esto debemos saberlo y tomarlo en cuenta en todo momento. Veamos cuáles factores influyen en los proyectos inmobiliarios.

7. Factores intrínsecos

Se trata de las características particulares que reúne el inmueble y que son inherentes a su naturaleza. Desde el punto de vista físico, como sabemos, un inmueble es básicamente un terreno, el cual puede contar o no con construcciones o mejoras, y posee características que lo diferencian de otros, entre ellas:

- *La ubicación:* es un elemento que influye directamente en la determinación del precio, porque tiene efecto directo en las utilidades y en la demanda o preferencia.

- *Las formas y dimensiones:* inciden en el valor del inmueble según el potencial de uso que presente.

- *La topografía y la erosión del suelo:* es un factor que expresa el grado de dificultad para tratar con éxito el desarrollo de algún proyecto sobre el terreno.

- *La profundidad efectiva del suelo y la textura tentativa de la capa arable:* en caso de explotación agropecuaria del terreno, son elementos que están estrechamente ligados al tipo de cultivo y, por ende, son determinantes.

- *La pedregosidad del suelo y su PH tentativo:* infieren en la fertilidad potencial de los cultivos, lo cual, como en el caso anterior, puede ser relevante si a la propiedad se le pretende dar un uso agrícola.

8. Factores extrínsecos

Los factores extrínsecos son propios de la ubicación. Definen el marco de referencia de cada inmueble y pueden variar en función del proceso de desarrollo del sector nacional. Citamos, a modo de ejemplo:

- *El clima:* es un factor que influye en los proyectos inmobiliarios. Los materiales de construcción, aislantes, uso de áreas recreativas y tipos de servicios son aspectos que cambiarán de acuerdo al clima.

- *La accesibilidad para ingresar al inmueble:* aportará valor mientras exista facilidad y eficiencia para llegar a una localidad. Si ya existen carreteras y vías de acceso, el valor del inmueble es mucho mayor.

- *La infraestructura de servicios:* es otra pieza del desarrollo comunitario que incide notablemente en el valor de la propiedad. Los proyectos forman parte de un sistema de servicio que facilita o dificulta su construcción. También es importante conocer las normas de zonificación vigentes, las tendencias de desarrollo del sector y subsistemas disponibles, ya que todo puede afectar a futuro el proyecto.

- *La cultura de la zona/urbanización/barrio, donde los individuos y las familias mantienen relaciones:* a las personas que habitan en un determinado sector se les atribuyen similares características culturales, costumbres, gustos, actividades y accesos económicos. Existen, por supuesto, sus excepciones. Esto hace que determinados tipos de inmuebles tengan más aceptación que otros.

Por otro lado, en el caso de la República Dominicana, los condominios han despertado gran interés, por eso considero que debemos resaltarlos en este recorrido sobre el terreno inmobiliario en el país.

Auge de los condominios en la República Dominicana

En los últimos años, el auge del desarrollo inmobiliario en la República Dominicana se concentra en la constitución de edificios y residenciales bajo el régimen de condominio. De ahí la creciente importancia de su regulación, la cual está establecida en la Ley 5038 del 21 de noviembre de 1958 (G. O. No. 8308 del 29 de noviembre de 1958), que instituye un sistema especial para la propiedad por pisos o departamentos, a su vez modificada por la Ley 108-05.

La Ley 5038 establece un régimen especial para la propiedad inmobiliaria con la finalidad de establecer condominios de dos o más unidades pertenecientes a diferentes personas. Dichos condominios están conformados por inmuebles individualizados que pueden atribuirse a distintos propietarios, manteniendo uno o más bienes en el dominio común de todos ellos. Pueden constituirse en condominios tanto los inmuebles construidos con fines residenciales como aquellos destinados a actividades comerciales. La normativa de la materia ha establecido los requisitos necesarios para la constitución de un condominio, siendo el requisito primordial la individualización o deslinde del inmueble sobre el cual se va a constituir el condominio.

El condominio se constituye mediante la aprobación por parte del Registro de Títulos competente de la correspondiente acta de constitución del consorcio, del acta declaratoria de condominio y del reglamento del régimen del mismo. Este último documento es fundamental para la vida del inmueble, pues establece los derechos y deberes de los condóminos. También regula las relaciones jurídicas entre los condóminos y los elementos privativos y comunes del condominio, así como los órganos de decisión que regirán la vida de este. Al condominio se le reconoce personalidad jurídica. Es importante destacar que en la actualidad este régimen es aplicable a otros proyectos de desarrollo inmobiliario, tales como centros comerciales y edificios de parqueos.

Aspectos económicos del mercado inmobiliario

Teniendo claros los influenciadores del mercado inmobiliario y los factores más determinantes que intervienen, lo siguiente es conocer los **aspectos económicos** que rodean al mercado inmobiliario, los cuales no son estáticos en el tiempo. El inmueble está expuesto tanto a una revaloración como a una depreciación, lo cual depende tanto del entorno como del estado físico en que se encuentre, además de las tendencias en el mercado y, sobre todo, los cambios en la ubicación, ya sea en una zona rural o urbana. Los aspectos económicos se refieren, pues, a la valoración de las características que definen y distinguen al inmueble con relación a los demás.

Para conocer el precio real de un inmueble es preciso realizar los estudios de tasación o valuación inmobiliaria a través de profesionales especializados llamados **tasadores**. No obstante, como profesionales de bienes raíces, debemos conocer nociones básicas de tasación de inmuebles para poder asesorar de una manera eficaz tanto a compradores como vendedores. Para ello debemos aprender a manejar algunos conceptos claves.

La **valuación inmobiliaria** es una técnica sistematizada que utilizan los tasadores para obtener una serie de datos físicos, jurídicos y económicos de los inmuebles. El valor del inmueble es igual al valor del suelo y de sus mejoras (Fórmula: Inmueble (I) = Suelo (S) + Mejora (M)), donde el suelo como bien raíz es susceptible de valoración por métodos diferentes, referentes casi siempre a la capacidad de producción o rendimiento que se espera. Lo anterior se hace con la finalidad de hacer un **informe de tasación**, donde el tasador emite un juicio de opinión exacto, lógico y convincente sobre el valor del inmueble que ha evaluado.

Otro concepto interesante es la **depreciación inmobiliaria**. Se trata de la reducción del valor que sufre el inmueble por el consumo normal o anticipado de su vida útil, tal como ocurre a cualquier activo fijo, bien sea maquinaria, edificio, equipo, etc. Además de los conceptos claves anteriores, es necesario estar al tanto de los cambios que ocurren regularmente en la zona, ya sea por nuevos emprendimientos, cambios en las leyes o nuevos reglamentos de desarrollo establecidos por la alcaldía o por tipo de inmueble, pues todo esto afectará la valoración del inmueble.

Centrándonos aún más en el terreno de nuestro trabajo diario, llega el momento de conocer el **proceso básico de la venta de bienes raíces**. En el negocio de bienes raíces podemos hacer muchas actividades, pero la actividad central está en el corretaje o intermediación de bienes inmuebles. Como corredores nos encargamos de proveer un servicio especializado, facilitando la compraventa de propiedades de terceros a cambio de una comisión, honorarios u otra contraprestación, proporcionando representación limitada. Esta actividad la desarrollamos a través de un proceso de actividades específicas que involucran:

a. **Prospección para probables vendedores** con la finalidad de captar propiedades y oportunidades de negocios para ofrecer a otros interesados. Los vendedores son los que pagarán nuestras comisiones.

b. **Prospección para probables compradores**, quienes en realidad son los que nos ayudarán a cobrar nuestras comisiones, ya que, solo las ganaremos si aprendemos a seleccionar prospectos compradores de calidad, es decir, personas que terminen comprando las propiedades. Tanto los probables vendedores como los compradores calificados por nosotros nos ayudarán a crear un inventario, el cual es nuestra materia prima para comenzar un negocio inmobiliario.

c. **Presentación de la venta**, en cuyo momento la efectividad de nuestra intermediación queda al desnudo. Es necesario aprender a hacer una presentación que permita mostrar el ganar-ganar de las tres partes involucradas: vendedor, comprador e intermediario.

d. **Negociación y cierre de venta**, donde pueden surgir objeciones de ambas partes, las cuales sortearemos con nuestra habilidad de negociación y cierre del negocio, creciendo como agentes inmobiliarios.

Se podría decir que hasta aquí se involucran la mayoría de los corredores de bienes inmuebles. Sin embargo, nuestro trabajo no necesariamente termina aquí, ya que podemos seguir participando en el proceso de venta formando parte de otras actividades como: solicitudes de préstamo; requerimientos postcontrato (evaluación crediticia y avalúo de la propiedad); aprobación de préstamo y seguimiento; registro de inmueble o de hipoteca; y seguimiento postventa (oferta de otros servicios).

Todo este proceso de ventas se ampliará en cada capítulo del libro, ya que es allí donde se encuentra el secreto para alcanzar el éxito en bienes raíces.

EN RESUMEN...

"Conocer el terreno" significa tener claro el concepto de inmueble, los influenciadores de este mercado, los factores intrínsecos y extrínsecos que influyen en cada inmueble (aumentándole o quitándole valor), los conceptos que maneja un tasador de inmuebles para la valoración y, finalmente, entender todo el proceso de ventas en el que participa un agente inmobiliario.

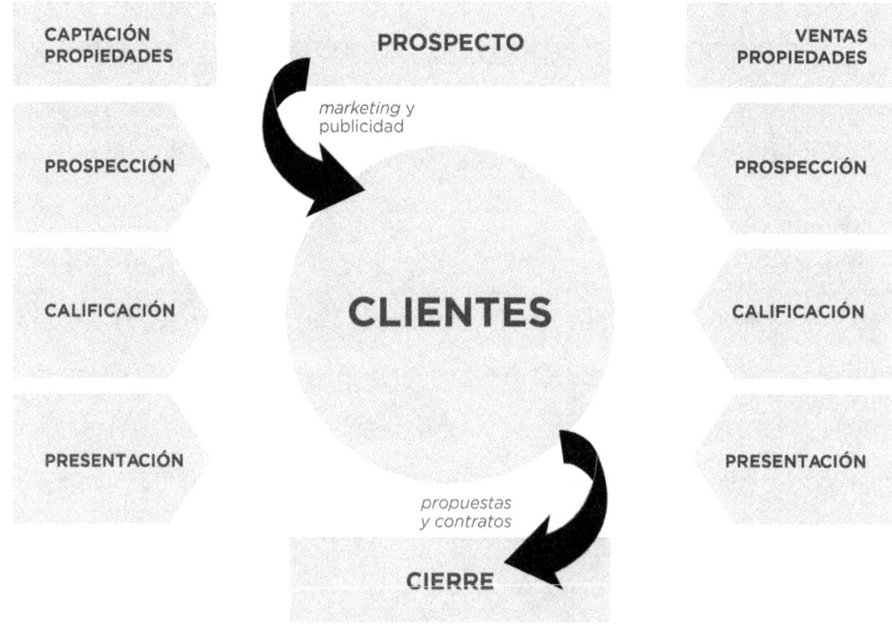

BIENES RAÍCES ES SERVICIO
MÁS CONOCIMIENTO

CREA TU INVENTARIO

Apasionarse por aquello que nos gusta hacer todos los días es muy fácil, pero convertirlo en un negocio no es tan sencillo. No hay negocios sin clientes, ni resultados sin práctica. Podrás encontrar cientos de consejos que te facilitarán el camino para crear tu cartera de clientes y de propiedades. Ahora bien, lo que no podemos hacer por ti es salir a buscarlos. Ya varios años atrás lo comprendí y todo lo que pude decirme a mí misma fue: ¡Manos a la obra!

Mientras mejores propiedades tengas en tu cartera, mayores posibilidades de éxito tendrás. La prospección se trata precisamente de salir a la búsqueda de clientes potenciales, principalmente propietarios que desean poner a la venta sus inmuebles, y eventuales compradores para las propiedades que integres a tu cartera.

Para prospectar existen tres reglas fundamentales:

- **Confianza:** nunca debes traicionarla.
- **Profesionalismo:** debes mostrarte como una autoridad del negocio, es decir, "yo soy el profesional".
- **Escucha activa**: siempre escucha al cliente, tanto a propietarios como compradores.

Encontrar los clientes potenciales no es una tarea sencilla, pero existen métodos que nos funcionan muy bien a los agentes inmobiliarios y que hoy te voy a compartir. Por ejemplo, para encontrar clientes potenciales utilizo estos canales:

a. **Referidos por amigos, parientes y contactos comerciales.** Esta es la mayor fuente de clientes potenciales que he encontrado, pues en la mayoría de los casos son nuestra mejor referencia.

b. **Referidos por otros agentes.** También los colegas pueden ser una fuente importante de clientes potenciales, principalmente si somos conocidos por captar buenas propiedades.

c. **Llamadas telefónicas generadas por anuncios.** Esto puede representar una parte importante del negocio en ciertas oficinas y para algunos agentes. La cantidad de llamadas que recibe un agente se relaciona con la efectividad del anuncio y la calidad de los inmuebles anunciados.

d. **Llamadas telefónicas generadas por letreros.** Estas llamadas generalmente resultan en más compradores que las llamadas generadas por anuncios. Pueden ser muy productivas en ciertos rangos de precio y en determinadas ubicaciones.

e. **Visitantes de los *Open House*.** La mayoría de casas nuevas se venden utilizando este método de mercadeo. En este caso, la propiedad se abre al público de manera que los potenciales compradores puedan tener una idea de su apariencia amueblada y de las posibilidades que ofrece el espacio. Se estipula que el 50 % de las personas que visitan un *Open House* comprarán en los siguientes 6 a 12 meses. Las estadísticas que evalúan este método le atribuyen un alto nivel de efectividad. Además, organizar estos eventos requiere poco tiempo y dinero.

f. **En venta por el propietario.** La razón principal por la que una persona decide vender su propiedad sin intermediarios es porque desea ahorrarse la comisión. Sin embargo, en la mayoría de los mercados esta no es una práctica exitosa.

g. **El internet y las redes sociales.** Hoy se estima

que el 70 % de los prospectos calificados tienen acceso al internet y a las redes sociales, por lo que es factible acceder a ellos por esta vía.

h. **Mercadotecnia enfocada.** Es una forma de prospección y mercadeo que utiliza características conocidas acerca de ciertos segmentos de la población para venderles una propiedad.

i. **Posicionamiento geográfico.** Es un método sistemático para contactar a un grupo de personas frecuentemente con la idea de posicionarse como el agente de su preferencia dentro de un mercado territorial definido.

j. **Suerte.** La expresión que dice "tienes más suerte mientras más duro trabajas" es la base de esta forma de acceder a potenciales clientes. Estar en el lugar correcto, en el momento ideal y en el tiempo necesario puede representar buenos dividendos, siempre y cuando tengamos los conocimientos y habilidades requeridas.

En cualquiera de los casos, debes recordar lo siguiente sobre el proceso de identificar prospectos y contactarlos:

- No hay solo un método eficaz para prospectar.
- Es necesario asignar un tiempo para prospectar cada día, aunque sea solo una hora. Puede también dedicarse un día específico de la semana para estos fines.
- Si eres nuevo en el negocio debes prospectar al

menos seis horas diarias.

- Puedes reducir drásticamente la tensión producida por no saber qué hacer si estableces sistemas de trabajo diarios, semanales y mensuales para contactar nuevos clientes.
- Los clientes responden de manera distinta a diferentes métodos de prospección. Esto hace necesario que desarrolles una variedad de métodos, de forma que si uno no funciona, no tendrás un fracaso en tu negocio.
- Los clientes que están en el mercado para comprar y vender, es decir, negociantes de inmuebles, consideran que tus esfuerzos de prospección como agente inmobiliario agregan valor a su trabajo de compraventa.
- Si hay una destreza que debes desarrollar al máximo asegúrate de que sea la prospección, pues nada ocurre hasta que tengas un comprador o un vendedor.

La venta inmobiliaria es una ciencia social que implica un liderazgo basado en el trato con seres humanos. Es por esto que para prospectar debes tener en cuenta a todos aquellos que te rodean y a los cuales tú influencias. La experiencia me demuestra claramente que la fuente principal de clientes para los agentes inmobiliarios son los referidos. Tu **ámbito de influencia** es precisamente el grupo de personas que te proporcionará referidos. A través de estos sistemas podrías tener una fuente ilimitada de referidos para negocios que se convierta en una "mina de oro". Cada persona que conoces o con quien entres en contacto podría ser un comprador o un vendedor. Hablamos literalmente de cada persona: tu familia, amigos, clientes anteriores, otros agentes; y la lista continúa hasta el infinito. De hecho, algunas empresas consideran que cada persona es capaz de proveerte de 4 a 6 referidos de bienes raíces por año.

Piensa en lo que podría significar que 100 personas en tu ámbito de influencia refieran a 4 personas que conocen y que están comprando o vendiendo inmuebles. Tendríamos ya 400 referidos potenciales. Si tan solo lograras venderles al 10 % de esos referidos potenciales tendrías 40 ventas al año. No hay ningún otro método de prospección que se acerque a estos resultados, y otra buena noticia es que a través de perfeccionar este sistema puedes trabajar con personas que conoces, en vez de trabajar continuamente con desconocidos.

Entonces, debes **identificar claramente quiénes están dentro de tu ámbito de influencia.** A modo de referencia, te indico los más comunes:

- empleadores y empleados del pasado;
- amigos y familiares;
- compañeros de clubes;
- vecinos;
- un cliente potencial que conociste en un *Open House*;

- amigos de Facebook, seguidores de Instagram, Twitter o LinkedIn;
- personas con las que fuiste a la universidad o al colegio; y
- personas a las que te diriges por su primer nombre.

Por el contrario, no están dentro de tu ámbito de influencia:

- personas que viven a 1,000 kilómetros de distancia;
- personas con las que no tienes nada en común; y
- desconocidos.

Ahora te preguntarás: ¿qué debo hacer con mi ámbito de influencia? Te propongo algunas ideas:

1. Identifica con datos específicos tu ámbito de influencia: nombre, dirección, correo electrónico y teléfono.
2. Recopila tanta información personal de ellos como puedas, en especial acerca de sus negocios y de bienes raíces, por ejemplo: la fecha en que compraron su casa, lugar de trabajo, cuántos hijos tienen y qué edades tienen, cuáles son sus pasatiempos, sus fechas de cumpleaños, etc.
3. Utiliza un sistema manual o electrónico para registrar esta información y guardar los contactos, incluyendo identificar los momentos apropiados para comunicarte con ellos.
4. Llama o visita a cada persona en tu lista durante

los próximos 30 días. Hazlo frecuentemente, al menos cada 45 días.

5. Inicia una campaña de correo mensual que te ayude a atraer clientes.

6. Añade nuevas personas a tu lista continuamente.

7. Borra de tu lista aquellas personas con las que ya no te relacionas.

8. Cuando llames siempre ten algo de información de valor para quienes estás llamando, tales como ofertas, información del mercado, invitaciones, noticias acerca del vecindario, etc.

Como puedes notar, mantenerte en contacto con tu ámbito de influencia es una de las principales tareas que tienes por delante. Por eso, aquí te presento los **métodos que yo utilizo para contactar a mis prospectos.**

1. Contacto personal

A mi parecer es el mejor de todos lo métodos porque permite que el cliente realice una conexión entre el agente y el lugar donde se conocieron; es decir, pueden compartir una historia. La mayoría de agentes encuentran que esta es una manera sencilla y económica para contactar posibles clientes. El resultado de este método es el más alto de todos. En mi caso, logro aproximadamente 2 prospectos por cada 100 contactos que realizo.

Sin embargo, algunos corredores resaltan que tiene como desventaja que consume mucho tiempo y es limitada la cantidad de contactos a los que se puede acceder, debido a la inversión de tiempo que requiere. En este sentido, mi recomendación es que definas un territorio y desarrolles un sistema para contactar personas en ese mercado. Por ejemplo, puedes contactar personas de tu vecindario los martes desde las 10:00 a. m. hasta las 11:00 a. m., y reunirte para un almuerzo cada miércoles con una persona que te haya comprado anteriormente, o con un amigo o colega.

Asimismo, puedes desarrollar un sistema para repartir tarjetas de presentación en eventos o en encuentros casuales, nunca debiendo repartir menos de 100 tarjetas al mes. Esto puedes complementarlo regalando artículos promocionales de buena calidad cuando estés con potenciales compradores o vendedores (lapiceros, sombrillas, libretas, llaveros, etc.).

2. Correspondencia

De acuerdo a mi experiencia, la efectividad de este método de contacto es 0.002, es decir, 2 resultados positivos por cada 1,000 (podría cambiar por país). Un poco bajo, ¿verdad?. La efectividad de las campañas de correspondencia proviene de contactos continuos con grandes cantidades de personas. Mil personas contactadas mensualmente multiplicado por 002 (tasa de efectividad) es igual a 2 negocios efectivos cada mes.

Desde mi parecer, este método de contacto presenta ventajas sobre el método de contacto personal, tales como la oportunidad de contactar una gran cantidad de personas en un período corto de tiempo y la oportunidad de delegar fácilmente esta actividad a alguien más. Sin embargo, sus desventajas principales son el costo elevado y la dificultad para medir su concreta efectividad. En realidad es una técnica que hoy en día ha sido superada por el correo electrónico.

Si vas a utilizar este método, recuerda que el producto principal en cualquier pieza de correspondencia eres tú. Por eso, tu foto y datos deben aparecer en el material. Toma en cuenta que el éxito de una campaña de correspondencia depende de la calidad de la lista de contactos y del valor de lo que se envíe.

3. Llamadas

Es un método que se puede llevar a cabo por medio de llamadas entrantes o llamadas salientes.

Las **llamadas entrantes** se generan por los anuncios y letreros que colocamos en las distintas propiedades y en publicidad física o digital. Independientemente del origen de las llamadas, el propósito es conseguir una cita para mostrar una propiedad.

Al momento de atenderlas debes evitar parecer poco accesible. Contrata un servicio de contestadora de llamadas, uno de reenvío de llamadas, un servicio de *call center*, un identificador de llamadas y un correo electrónico para que nunca pierdas un contacto. Las personas andan con prisa y esperan contactarte cuando les es conveniente a ellos, no a ti. Créeme cuando te digo que perderás más compradores por no responder sus llamadas que por cualquier otra razón.

Es importante que al hablar con potenciales clientes les solicites sus datos de contacto (nombre y teléfono), y les proveas información equilibrada (no suficiente o en exceso). Toma en cuenta también que para que este método sea efectivo debes tener guiones claros, con diálogos y preguntas preestablecidas, y con el saludo y la despedida adecuados. Desarrolla una forma sistematizada de contestar el teléfono para hacerlo siempre de la misma manera. Si tienes un equipo, capacítalo para que conteste adecuadamente el teléfono. Además, al final debes lograr concretar una acción, programando una cita si la persona muestra interés. Por ejemplo, puedes preguntar: "¿Le gustaría programar una cita para ver esta propiedad hoy a las __________?". Hacer alusión rápidamente a cuándo, por qué y dónde es una forma efectiva de convencimiento.

Por otro lado, mantente constantemente informado. El conocimiento del mercado es algo que no puedes fingir; lo conoces o no lo conoces. Las personas que te llaman quieren saber acerca de casas en venta, información de financiamiento, precios y direcciones. Quieren hablar con alguien que "se las sabe todas".

En todo caso, debes dar seguimiento a la estrategia que estás aplicando para verificar si está funcionando. Recuerda que los compradores que están activos en el mercado quieren tener noticias de su agente al menos una vez por semana.

Como indicamos, dentro del método de llamadas también encontramos las **llamadas salientes**, es decir, las que realizamos a prospectos. Es un método sencillo que puede ser dominado por cualquiera, especialmente si se tiene un guion a seguir y se define el lugar y la hora para hacer llamadas en un proceso sistemático que incluya: compradores y vendedores anteriores; potenciales clientes en la actualidad; amigos y parientes; y personas en tu propio mercado, como otros agentes.

También es preciso tener un guión para estas llamadas salientes, el cual puede consistir en lo siguiente:

- **Identifica al cliente:** –¿Habla el Sr. Martínez?
- **Preséntate:** –Mi nombre es Teresa Jiménez, de Inmobiliaria Green.
- **Solicita autorización para hablar:** –¿Tiene por favor un minuto disponible?
- **Especifica el motivo:** –La razón por la que le llamo es....
- **Solicita referidos:** –¿Conoce usted alguien

que esté pensando en comprar o vender una propiedad?

- **Agradece:** –Muchas gracias por su amabilidad y su tiempo.
- **Envía una tarjeta, correo o mensaje Whatsapp de agradecimiento.**

4. Medios masivos tradicionales

Esta es la forma de contacto más costosa y más difícil de medir. Los medios de comunicación masivos tradicionales incluyen periódico, televisión, revistas y radio. Si te decides por este método luego de evaluar que es favorable para tu caso, te recomiendo que tomes en cuenta algunas ideas que aquí te dejo.

Lo primero es que debes hacer un presupuesto antes de iniciar. Luego, es recomendable que te informes dónde se encuentra tu público objetivo, ¿está en la radio o en la televisión? De esta forma no gastarás el dinero en publicidad que no funciona. La mejor forma de saber es preguntándole a tus clientes u observando los canales que usan los agentes inmobiliarios reconocidos de tu zona.

Para que los medios masivos de publicidad funcionen debes publicar consistentemente los mismos tipos de anuncios, y tratar de que se publiquen siempre en los mismos espacios para que las personas los ubiquen. Toma en cuenta que transmitir un anuncio de radio una vez y obtener resultados de inmediato es tan poco probable como publicar un anuncio en una revista una sola vez y cerrar una venta. Para maximizar el rendimiento de tu inversión en medios masivos es necesario anunciar continuamente.

Por eso, para que este método te funcione es necesario que conozcas a tu audiencia. Por ejemplo, si estás buscando aficionados a la pesca debes anunciarte en las revistas que leen los pescadores. Si estás buscando compradores para una casa de US$150,000.00 debes anunciarte en medios masivos que son atractivos a personas con ese potencial económico, para así actuar conforme a la definición de tu cliente ideal.

5. Medio digital

Hoy en día la mejor propuesta que te puedo hacer es que te involucres con los medios digitales y que uses el internet a tu favor. En los medios digitales es posible tener una oficina virtual de manera que el cliente te conozca y te ubique fácilmente. Puedes hacer campañas con mayor conocimiento de tu cliente ideal, ya que en internet es más fácil hacer las analíticas. También, puedes hacer *email marketing* por correo electrónico y superar los resultados del método de correspondencia, ya que es más fácil y hay opciones automatizadas de envío. Puedes además utilizar las redes sociales como Facebook, Instagram o LinkedIn para atraer y captar clientes potenciales.

En este punto quiero resaltarte que pensar que todos los métodos para contactar personas funcionan igual con todos es un error. Si piensas así podrías desanimarte con un método que no te funcione y abandonar por completo. En otras palabras, si un método no te funciona, piensa que puede servirte otro distinto. Por ejemplo, un propietario puede colgarle el teléfono a un agente que le hace una llamada, mientras que al mismo tiempo, lee cada palabra de un boletín informativo que le fue enviado por el mismo agente.

El problema consiste en que es casi imposible determinar la reacción de un cliente a cualquier método de prospección. La estrategia con mayor éxito es buscar un balance entre los métodos que utilizas para multiplicar las oportunidades. Es decir, la forma comprobada de aumentar tu efectividad al contactar prospectos es usar una combinación de métodos. Por ejemplo, si hablas con alguien por teléfono y luego le envías un mensaje de agradecimiento, entonces tu contacto telefónico será maximizado por el contenido que luego envíes.

EN RESUMEN...

Cuando te digo "crea tú inventario" te estoy proponiendo que tengas muy presentes las tres reglas fundamentales que debe seguir un agente al buscar prospectos: confianza, profesionalismo y escucha activa. También te exhorto a mantenerte activo para encontrar a tus clientes potenciales creando estrategias para impactar en tu ámbito de influencia. Finalmente, sobre todas las cosas, no olvides probar, probar y probar los métodos de contacto que te propongo hasta que encuentres el que mejor te funcione, sin olvidar que siempre puedes combinarlos.

Fases de la Captación

CAPTAR PROPIEDADES ES SINÓNIMO DE CAPTAR PROPIETARIOS Y ASEGURAR UNA VENTA

DOMINA LA PRESENTACIÓN

No es lo que digas lo que hará que finalmente logres crecer en tu negocio inmobiliario, sino cómo lo digas. El dominio de la comunicación visual y escrita, e incluso tu presencia, es una habilidad que no podrás ceder a nadie. He aprendido que es un arte que en esta profesión es necesario dominar.

Captar buenas propiedades para la venta es la base para el éxito de todo corredor inmobiliario, y la presentación que realices es esencial para dicha captación. Se calcula que el 65 % de la decisión de poner una propiedad en manos de un agente está basada en su presentación ante el propietario. Esta es la razón por la que un agente profesional nunca debe suponer que captará la propiedad sin una presentación bien preparada.

La preparación de dicha presentación es entonces esencial e implica que conozcas la respuesta a estas siete preguntas por parte del propietario:

1. *¿Por qué se está mudando o vendiendo?*
Sin esta respuesta sería imposible determinar la estrategia de mercadotecnia. Puedes pensar que tu cliente está buscando obtener el mejor precio, sin embargo, él podría estar requiriendo de ti que vendas la propiedad en el menor plazo posible, siendo esto la prioridad. Por ello, siempre es necesario saber cuáles son las necesidades del propietario sobre todas las cosas.

2. *¿Cuál es la fecha límite para la mudanza?*
Esta información ayuda a determinar la estrategia de mercadeo y la tasación.

3. *¿Qué está defectuoso y debe ser preparado?*
Conocer esta información reduce el riesgo de responsabilidad legal y te permite ayudarle al propietario

a encontrar personal o empresas para hacer el trabajo.

4. *¿Qué características de la propiedad le persuadieron originalmente para comprarla?*

Conocer esta información es de gran ayuda al promover la propiedad, porque te ayuda a desarrollar estrategias para crear interés en los compradores potenciales.

5. *¿Qué precio tiene en mente?*

Conocer el precio de antemano disminuye el trabajo que implican las estimaciones de precio. Si el precio que propone el propietario es demasiado alto, podrías determinar rápidamente que tomar la propiedad sería una pérdida de tiempo.

6. *¿Está en contacto con otros agentes inmobiliarios? Si la respuesta es positiva, ¿quiénes son los otros agentes?*

Ayuda saber si tienes competencia. Si este es el caso, solicita que el propietario se reúna primero contigo. Por lo general, los propietarios se quedan con el primer agente que hizo una presentación, y si hiciste un buen trabajo es probable que obtengas la propiedad.

7. *¿Conoce el propietario alguien que pueda estar interesado en comprar la propiedad? Y, ¿conoce alguien más que pueda estar interesado en vender?*

Esta información te ayudará a hacer crecer tu inventario y te facilitará aumentar las oportunidades de venta.

Luego de conocer las respuestas a estas preguntas es momento de hacer la presentación, para lo cual deberás tener a mano un fólder o carpeta, intentando tener un formato de "captación de propiedad" que te permita recoger toda la información profesional. Para estos fines, puedes auxiliarte de algún programa de computadoras que te permita crear presentaciones efectivas.

Parte de este proceso implica que recopiles tanta información del mercado como sea posible, incluyendo aspectos como: el número de propiedades en esa área geográfica y el rango de precios en el que se han vendido durante los últimos 12 meses; el rango de precios en que se encuentran en venta a la fecha (un inventario de 4 a 6 meses se considera adecuado); y, finalmente, el tiempo que toma vender propiedades en esa área. Además, debes tener guiones, diálogos y preguntas prediseñadas para usar en tu presentación.

Uno de los elementos principales de la preparación para una presentación efectiva consiste en pensar en términos de balance. Algunas veces no es posible saber qué parte de la presentación hará la diferencia para que el propietario te ceda la propiedad a ti y no a alguien más. Por ejemplo, en tu presentación puedes mencionar que tu compañía vendió 300 casas durante los últimos 12 meses, lo cual en algunos mercados es impresionante. El siguiente agente que haga una presentación a ese mismo propietario puede ser cuestionado respecto al número de casas que vendió su compañía en ese período. Si no sabe la respuesta, esto podría poner al propietario a favor tuyo y de tu compañía.

Debo decir que tal vez nunca usarás todo el material que se enseña en esta sección, pero estarás mejor preparado si cuentas con más información de la necesaria, en vez de presentarte con menos información de la que se espera de ti. Este es un gran problema para muchos agentes nuevos, ya que cuando el cliente tiene opciones indudablemente seleccionará al agente que provea más información de la mínima necesaria. La idea en las presentaciones para captar es ¡exceder las expectativas!

Seguro recordarás la expresión que dice que "una imagen vale más que mil palabras". En ventas inmobiliarias la expresión es "una imagen vale más que un millón de dólares". El cerebro transforma todo lo que escuchamos en imágenes y almacena la información en forma de símbolos, y no en forma de letras o números. Por tal razón, es de importancia crítica que crees una presentación visual para demostrar los siguientes **cuatro segmentos que te propongo para captar a tus clientes.** Esto es particularmente importante cuando hablamos de captar proyectos a través de promotores.

Parte 1: Presenta tu trabajo como agente inmobiliario
Debes estar preparado para demostrar y exponer cifras

que avalen tu trabajo como agente inmobiliario. Ya sea que formes parte de una compañía o trabajes de forma independiente, encárgate de mostrar una imagen positiva.

Estos son algunos criterios que pueden definir tu trabajo:

- Volumen de ventas en unidades y dinero.
- Volumen de captaciones en unidades y en dinero.
- Trabajo con propietarios reconocidos en tu localidad.
- Historia de la compañía o tu propia trayectoria profesional.
- Características únicas y diferenciadoras (la gente quiere que le ofrezcan algo más; procura ser diferente).
- Programa de capacitación para avalúos de inmuebles.
- Reconocimientos especiales a tu equipo de trabajo.
- Afiliaciones con instituciones.
- Programa de mercadotecnia y publicidad (cómo vas a mercadear y promocionar cada propiedad).
- Servicios especiales para clientes, si los hay.
- Garantías del servicio.
- Información de contacto, incluyendo ubicación de la oficina, direcciones electrónicas, sitio web, redes sociales, etc.

Parte 2: Preséntate a ti mismo

Tu siguiente tarea es hacer una presentación visual para proyectarte a ti mismo como un agente exitoso. Si eres un agente independiente puede que la primera y la segunda presentación se fusionen en una sola. Algunos elementos a incorporar en esta parte son:

- Capacitación y educación.
- Experiencia de trabajo, tanto en bienes raíces como en otros campos.
- Volumen de ventas.
- Logros anteriores.
- Programa de publicidad y mercadotecnia que ofreces.
- Reconocimientos especiales.
- Comentarios de clientes.
- Membresías en clubes y organizaciones cívicas (nunca hablar de religión o política).
- Pasatiempos e intereses especiales.

Asimismo, recuerda verte como una persona exitosa y segura, pues seguro hará la diferencia.

Parte 3: Presenta la propiedad

Una de las funciones principales de este segmento de tu presentación es demostrarle a los dueños que estás preparado para vender su propiedad. A continuación, presento varias ideas que te pueden dar la ventaja competitiva para captar la propiedad.

- Prepara la presentación con anticipación,

incluyendo una hoja volante sobre la propiedad, lo que mostrará al dueño tu entusiasmo y preparación para captarla. Planifica la ruta y muestra las zonas basándote en las cosas que los compradores te han dicho que les interesan.

- Ten a mano herramientas de mercadotecnia cuando hagas las presentaciones, tales como tarjetas y hojas volantes.
- Reúne toda la información disponible acerca de la propiedad: quién la construyó, cuándo fue construida, tamaño del terreno, en cuánto se vendió cuando era nueva (si aplica), información de impuestos e hipotecaria, etc.
- Entrega al dueño una lista de lo que debe preparar para una demostración de la propiedad, indicando lo que debe y no debe hacer. Por ejemplo: documentación que debe tener al día, reparaciones que necesite el inmueble, accesos, pintura, etc.

Parte 4: Presenta la posible valoración de la propiedad

Es el momento de presentar la estimación del valor comercial de la propiedad, conocido dentro de este mundo como "el avalúo".

Las técnicas para presentar el avalúo varían. La causa de estas diferencias está relacionada con datos locales, factores intrínsecos y extrínsecos de la propiedad, y hasta posibles proyectos a futuro de la zona. Debido a que una de las funciones principales de una presentación es mostrar tu profesionalismo, te recomiendo que que uses toda la información disponible que pueda tener un efecto sobre el precio de la propiedad.

Dentro de los factores que puedes tomar en cuenta para establecer el precio de la vivienda están los precios de otras propiedades en el sector cercano al inmueble que pretendes vender y el precio de ventas o cierres recientes. Para esto, establece con anticipación una fecha para revisar el mercado, pues puede ayudarte a determinar un precio razonable para la vivienda de tus clientes.

Una recomendación que te doy por experiencia es que no abultes ese precio razonable solo para captar clientes. Recuerda que las comisiones generalmente se pagan por vender propiedades, no por captarlas. Es una idea absurda tomar propiedades a precios ridículos solo para captar la propiedad. Las captaciones no vendidas te cuestan dinero y te pueden costar también tu reputación. Escoge enfocarte en un tipo de propiedad que puedas vender y generar ingresos a la vez que creas economía en tus estrategias de mercadeo.

Una vez recogida toda la información y establecido un rango del posible precio de la vivienda, utiliza formatos que te ayuden a presentar la información en forma ordenada y fácil de comprender. Para efectos de la presentación es aconsejable tomar fotos de casas competidoras que están en venta y de casas parecidas que han sido vendidas. Esta es una técnica que añade mucha credibilidad a la presentación. Una cámara digital o un celular permiten que esto se haga en forma rápida y efectiva.

En algunos casos, el cliente no estará conforme con el precio de venta que le has propuesto. Si es así, pide al propietario que considere lo que sucede al aumentar el precio más allá de un rango determinado. Por ejemplo, puedes explicarle que el cliente ideal busca propiedades en un rango de 2,000,000 a 2,500,000, y salirse de ese rango dejaría por fuera a su propiedad. A la hora de establecer el precio, el vendedor debe ser consciente de esto para que la propiedad se encuentre dentro de un rango que sea atractivo para los compradores.

El propietario también querrá saber si su inversión es rentable o su venta es razonable. Por eso, una buena idea es que proporciones un formato de ingreso neto para el propietario, que muestre una lista detallada de gastos y la cantidad (neta) que le quedará al realizar la venta con el precio que tú le has sugerido.

EN RESUMEN...

Dominar la presentación requiere de tu parte conocer las respuestas a las 7 preguntas, además de lograr una presentación visual en cuatro partes que involucre:

la presentación de tu equipo de trabajo o compañía inmobiliaria, tu presentación como agente inmobiliario, la presentación de la propiedad con estrategias de venta, y la valoración estimada de la propiedad basada en tus conocimientos y tu investigación.

PARA TENER ÉXITO EN BIENES RAÍCES
OFRECE SOLUCIONES Y AHÓRRALE ENERGÍA
A TUS CLIENTES

CONOCE A TU CLIENTE

He aprendido que cada cliente es un mundo diferente, con sus propias necesidades e historias. Aunque existen listas de preguntas y respuestas que te pueden ayudar, son solo ideas para iniciar. Los mejores agentes inmobiliarios han tenido que aprender a interpretar el silencio de sus clientes, leer sus ojos y escuchar el significado escondido detrás de sus palabras.

El secreto para desarrollar y hacer crecer tu negocio inmobiliario está en conocer a tu cliente ideal, lo que te permitirá crear discursos acordes a sus necesidades. Conocer y comprender a la persona que comprará las propiedades que vendes es fundamental para optimizar tus resultados y crear un contenido efectivo.

Una técnica que está siendo utilizada por agentes inmobiliarios y que está dando buenos resultados es la **creación de avatares**. Se trata de una técnica que te permite crear un perfil del comprador. Los avatares son la síntesis del comportamiento de tu consumidor ideal. Son personajes ficticios que ayudan en la toma de decisiones de mercadeo y representan al comprador real. Estos perfiles abarcan no solo informaciones demográficas como edad, ubicación e ingresos, sino también informaciones psicográficas como intereses, razones para la compra y preocupaciones. De esta manera, tienes la idea clara y real de quiénes son tus clientes potenciales, en lo que se interesan y lo que buscan.

Para crear un avatar debes empezar contestando 3 preguntas fundamentales:

- ¿Quiénes son tus compradores?
- ¿Por qué ellos comprarían tus propiedades o servicios?
- ¿Qué comportamientos, supuestos y/o expectativas tienen ellos con respecto a las propiedades y servicios que ofreces?

La información demográfica es fácil de obtener, pero la psicográfica no es tan simple. Como agente de ventas tu objetivo principal será descubrir esas necesidades de los compradores. En este sentido, hay preguntas que debes hacer al comprador para descubrir sus necesidades en la entrevista. Por ejemplo:

- ¿Qué clase de propiedad busca?
- ¿Qué características son las que desea en la propiedad o en el área del proyecto?
- Si le gustara una propiedad en la cual tuviera que invertir un poco más de lo pensado, ¿lo consideraría?
- ¿Qué considera que es imprescindible que tenga esa propiedad o proyecto?
- ¿Qué lugares frecuenta? Por ejemplo: ¿En qué banco tiene sus cuentas? ¿En qué colegio están sus hijos? ¿En qué lugar o zona trabaja?
- Si encontramos la propiedad ideal, ¿estaría dispuesto a adquirirla hoy mismo?
- ¿Cómo piensa hacer la transacción? (al contado u optará por un financiamiento)
- ¿Cuánto le permite su presupuesto pagar mensualmente para adquirir la propiedad? (en caso de que el cliente decida tomar un financiamiento)

Esto se hace para que puedas ayudar al prospecto a que se dé cuenta de lo que espera y de lo que le conviene, y al mismo tiempo haces que considere sus posibilidades objetivas.

Es importante que se cumpla este formato, pues si no sabemos de antemano qué es exactamente lo que el cliente necesita, podemos mostrarle diferentes lugares y no tener buenos resultados, terminando en un proceso agotador. Además, puede que el cliente no sienta que encontró una propiedad que le agrade o que se adapte a sus necesidades, lo cual complica el proceso de toma de decisiones, y podría incluso frustrar el negocio. En este caso, perdimos tiempo, dinero, combustible y posiblemente un cliente. Por estas razones, debemos conocer las áreas de interés de los compradores antes de hacer la primera visita: **sus finanzas** (cuáles son sus posibilidades), **su nivel de urgencia** (momento en que esperan realizar la compra), **su estilo** (el tipo de propiedad que buscan), y **su experiencia** (si han adquirido propiedades en otra ocasión).

Ahora bien, hay otro aspecto que debes dominar y son las objeciones del comprador. No existen ventas sin objeciones. Los clientes que ponen objeciones lo hacen porque tienen interés en la compra, pero no están totalmente convencidos aún y requieren más información. Puede ser que algo les preocupe o que estén buscando mejores condiciones y precio. Por eso, si recibes una objeción, el cliente te está diciendo: "Estoy interesado, pero no estoy convencido".

Para gestionar adecuadamente las objeciones del cliente debes, en primer lugar, escucharlo al cliente.

Luego, te sugiero repetir el problema en sus propias palabras: *"en otras palabras, a usted no le gusta…."*, o *"lo que le preocupa es…"*. Cuando le repites el problema, le das la oportunidad de que lo evalúe mentalmente, y al mismo tiempo le confirmas que sabes cuál es el problema y que pueden hablar de ello. Finalmente, expresa que comprendes y que te solidarizas con él, es decir, indica que comprendes su posición o cómo se siente.

Si has pasado una cantidad de tiempo considerable con estos compradores, debería ser fácil para ti comprender la preocupación, problema o situación que te han expresado. Puedes proceder entonces a aislar la preocupación, es decir, pregunta: *"Si eso no fuese un problema ¿invertiría usted en esta propiedad?"*. También, investiga si esto es lo único que impide que tome la decisión de comprar.

Si la preocupación expresada fue con relación al precio puedes preguntar: *"Si el valor fuese satisfactorio, ¿se decidiría usted por este apartamento?"*. Asimismo, pregúntales cómo ellos resolverían algún problema puntual de la propiedad: *¿Cómo lo resolvería usted si ya viviera aquí?* Muchas veces los compradores pueden resolver la situación ellos mismos, si los llevamos a buscar la solución.

Si ellos no pueden llegar a una solución por ellos mismos, también puedes sugerir tú la solución: *"¿Ha pensado en esto?"*. Sugiere algunas alternativas. No hay ninguna respuesta mágica que les haga decir que sí. Tú solo puedes discutir con los compradores posibles soluciones. En efecto, puede que encuentres que la solución está en una combinación de ambas: la propuesta de ellos y la tuya.

Ahora te preguntarás, ¿cuándo sé que tengo una compra potencial al frente? Debes identificar las señales. Los agentes diestros aprenden a escuchar tanto con sus ojos como con sus oídos. Fíjate cómo me doy cuenta de que los clientes me envían señales de que son compradores potenciales:

- Contestan sus propias objeciones.
- Comienzan a hablar de la fecha en que tomarán posesión.
- Comienzan a visualizar sus muebles en el espacio de la propiedad.
- Dicen que están viendo su propiedad favorita o ideal.
- Piden ver la propiedad por segunda vez.
- Piden información acerca de pagos, plazos y montos necesarios para la compra.
- Preguntan sobre artículos que serán dejados en la propiedad por el propietario o que están incluidos, en caso de ser un inmueble nuevo.
- Dicen cosas como "nos encanta " o "se siente como nuestro hogar".
- Comienzan a discutir los beneficios de la ubicación o de la casa.

EN RESUMEN...

Para conocer a tu cliente te recomiendo que sigas la técnica de crear avatares, escuches a tus clientes más allá del silencio, identifica que se trata de un comprador potencial y aprende a manejar sus objeciones para cerrar la venta.

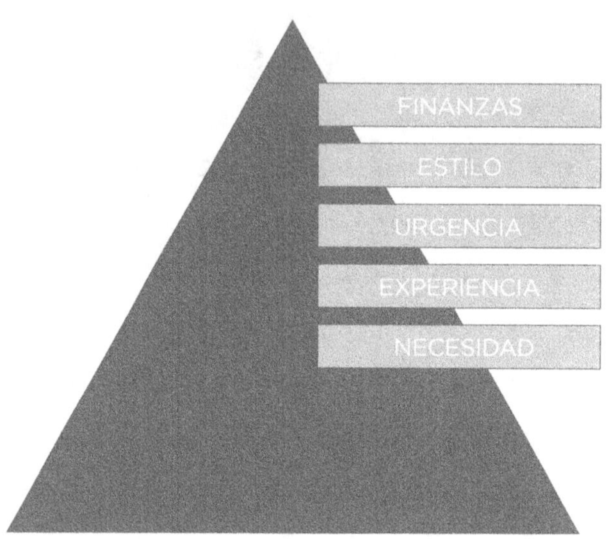

CONOCE EN QUÉ NIVEL DE LA PIRÁMIDE ESTÁ TU PROSPECTO Y TENDRÁS UN CLIENTE

LOGRA CIERRES EXITOSOS

Por mucho tiempo tuve la duda sobre cuál era el momento para cerrar una venta, pero lo entendí todo con el viejo refrán que dice "hay que golpear el hierro mientras está caliente". Esto no solo aplica para hacer herraduras, sino también para cerrar una venta exitosa.

Tanto compradores como vendedores quieren trabajar con agentes que les den la oportunidad de hacer un negocio y que son diestros al manejar las negociaciones. Podrás demostrar que tú eres el agente inmobiliario indicado justo en esta etapa del proceso. Negociar y cerrar el negocio es la última parte del proceso de ventas, ya que lo viene después son procesos administrativos.

Desafortunadamente, muchos agentes de bienes raíces consideran el proceso de negociar y cerrar como una parte desagradable del proceso. Cuando están negociando o cerrando, se ven ellos mismos como verdugos del comprador. Sin embargo, la mayoría de compradores esperan que "se les venda" sin que lo perciban así, y cuando no ocurre se sienten desilusionados. Por supuesto, los compradores que no son serios huyen al primer indicio de presión. Si esto sucede, no se ha perdido nada, pues no hubieran comprado de todas maneras.

El cierre de la venta requiere ayudar al cliente a tomar la decisión de compra en base a los beneficios que le ofrece el inmueble. Al ayudar al cliente todos ganamos: el comprador se beneficia al obtener la propiedad deseada, el vendedor se beneficia en obtener su dinero, y el agente recibe una remuneración por su trabajo de intermediación en forma de comisión.

Para que puedas cerrar ventas de manera exitosa

te aconsejo que te enfoques en tres aspectos fundamentales de la neurociencia, que tienen que ver con las emociones de tus clientes. Estas son: quitarle el miedo a tus clientes, ahorrarles energía y aumentar sus niveles de placer. Ahora, ¿cómo se logra esto?. Mi experiencia me dice que se logra prestando atención a tres áreas del proceso: la primera, creando un ***dossier de ventas estratégico***; la segunda, identificando los **beneficios que un inmueble** aporta al comprador; y la tercera, identificando las **señales verbales y no verbales que el cliente usa**, de manera que como agente tengas las mejores respuestas al negociar. Veamos con mayor profundidad cada uno de estos tres aspectos.

¿Cómo crear un *dossier* de ventas estratégico?
Un dossier de ventas estratégico debe contener cuatro tipos de información: físicas, financieras, legales y comerciales.

1. Información física

En esta sección se reúnen todos aquellos detalles físicos, de diseño y construcción que se pueden ver y tocar. Ya que sería imposible incluir todas las características físicas de todo tipo de inmuebles, vamos a poner algunos ejemplos de lo que no puede faltar:

- Metros cuadrados totales del inmueble.
- Metros cuadrados de cada parte del inmueble (habitaciones, garaje, zonas verdes, patios, trasteros, etc.).

- Plano.
- Datos de localización.
- Fotografías de cada parte del inmueble y/o video.
- Características del inmueble:
  » Tiempo de construcción.
  » Número de habitaciones y distribución.
  » Estado de la instalación eléctrica, telecomunicaciones, etc.
  » Cualquier otro detalle técnico.

Podríamos incluir otros muchos detalles físicos dependiendo del tipo de inmueble. Lo importante de estas características es que todas y cada una de ellas deben conocerse y proporcionarse al cliente en detalle cuando lo pida, asegurándose de que son datos ciertos. La comprobación de todos los datos físicos es una tarea que solo algunos agentes inmobiliarios llevan a cabo. Sin embargo, el no conocer datos físicos exactos y verídicos, retrasa la venta y a veces provoca que no se realice el cierre.

2. Información financiera

Reúne en esta sección todos aquellos aspectos relacionados con la productividad del inmueble y con su estado financiero o bancario. A veces algunas características financieras se solapan con las características legales. En realidad, no importa cómo las clasifiques, siempre y cuando las incluyas en una parte u otra.

Aquí se debe incluir:

- Precio del inmueble.
- Condiciones de pago.
- Impuestos a pagar por el comprador;
- Costes adicionales en la tramitación de la compraventa (abogado, notario, registro propiedad, traspaso, etc.).
- Quién paga qué.
- Qué se incluye en la compra (muebles, mejoras, derechos, etc.).
- Tasación.
- Financiación disponible.
- Condiciones hipotecarias.
- Cuotas de mantenimiento.
- Beneficios de administración "rental pool", si lo incluye.
- Exenciones de impuestos, si aplica.

Debes conocer además sobre rentabilidad y amortizaciones (para inmuebles en producción o rentados), costo de mantenimiento del condominio, seguros, incentivos, análisis de inversión, plusvalía, subvenciones y ayudas. Todo lo que conlleve un gasto, ahorro o beneficio adicional en la compra de un inmueble, debe ir aquí. Infórmate también de los términos y condiciones de una hipoteca para ese inmueble y de las formas de financiación. Es posible que esta información defina el cierre de la venta por ser una ayuda adicional que le vas a prestar al comprador.

Por esto, como agente inmobiliario, debes dominar todo este tipo de información que es esencial para lograr un cierre del negocio más rápido.

3. Información legal

Es la sección que reúne los aspectos relacionados con el estado legal de la propiedad del inmueble. Debes tener cuidado con estos datos porque a veces por desconocimiento del propietario puede llegarse a malas interpretaciones y a problemas en el momento de la negociación. Siempre hay que comprobar bien los documentos legales del inmueble como:

- Documento que muestre la propiedad legal del inmueble.
- Datos del inmueble en el registro de la propiedad o similar (dependiendo del país), para revisar la situación jurídica del inmueble.
- Documento que demuestre una carga hipotecaria, si la hubiera.
- Copia o borrador del contrato de compraventa.
- Estatutos del condominio (para la venta de inmuebles en un edificio).

Además, debes contar con cualquier otra información legal relacionada con el inmueble y con la forma de compraventa.

Las leyes y normativa referentes a la compraventa de un inmueble también forman parte del archivo legal que estás reuniendo, pues hoy en día los compradores (debido a todas las reclamaciones que hay en el mercado sobre el sector inmobiliario) están interesados en conocerlas y estar seguros de que no tendrán problemas posteriores a la compra. Ten en cuenta que la situación legal del inmueble es la responsable de que muchas ventas se retrasen o no se lleven a cabo.

4. Información comercial

La información comercial de un inmueble debe reunir todos aquellos aspectos que le hacen único en comparación con otros inmuebles en la misma zona. En otras palabras, las características comerciales de una propiedad son las ventajas que posee en comparación con otras.

Dentro de la información comercial se debe incluir:

- Distancias a lugares importantes, pues la característica comercial más importante de un inmueble es su proximidad a algún servicio o infraestructura: parque, hospital, aeropuerto, colegio, centro comercial, etc.
- Inmuebles similares comercializados por los competidores más cercanos, como promotores, agencias inmobiliarias o consultoras.
- Tipología de la población del lugar donde se encuentra el inmueble y particularidades de la zona, infraestructuras y servicios que ofrece el lugar.

El *dossier* estratégico te servirá para tener datos confiables a la mano, pero no es suficiente para cerrar un trato. Necesitas además entender los beneficios que representa el inmueble para su comprador, para que de esta manera puedas tener una conversación persuasiva. Estos beneficios pueden ser diferentes de un comprador a otro, así que la experiencia será tu mejor aliado.

¿Cómo identificar los beneficios que aporta un inmueble al comprador?

Los beneficios viven en la percepción del cliente. Un beneficio es el uso positivo que un cliente hace de una característica del inmueble y que le ayuda a cubrir una necesidad o deseo específico emocional.

Todos los beneficios de un inmueble son intangibles y tienen que ver con los sentimientos humanos del comprador. De alguna manera el comprador se siente mejor con un tipo de inmueble que con otro. La importancia de diferenciar entre características y beneficios está en que cuantos más beneficios pueda identificar el cliente en el inmueble que puedan tener un significado personal para él o para ella, más probabilidades hay que compre, y lo haga de inmediato.

Estos beneficios pueden ser de varios tipos, apelando a:
* sentido de seguridad
* reconocimiento social

- sentido de propiedad
- bienestar propio y familiar
- sentido de proximidad
- rentabilidad (análisis de inversión)

Al momento de reunirte con el potencial comprador, te recomiendo que tengas ya identificados al menos dos beneficios que aporta ese inmueble al cliente. Ahora bien, mientras hablas, el cliente te va dando señales verbales y no verbales que pueden decirte por dónde debe ir la conversación. Es necesario que aprendas a identificar estos momentos, ya que es necesaria tu espontaneidad.

¿Cómo identificar las señales verbales y no verbales de tus clientes?

Me he dado cuenta de que existen tres estados de ánimo comunes en los clientes al momento de cerrar una venta: algunos tienen objeciones, otros definitivamente no comprarán y otros están listos para la compra.

a. **Estado de ánimo de objeción**

Más ventas se concretizan después de que el agente ha manejado exitosamente una objeción. Esta es la principal razón por la que los mejores agentes inmobiliarios en realidad promueven las objeciones: para tener la oportunidad de responderlas y entonces solicitarle al cliente que compre.

El diálogo podría ser algo así:

Cliente: *La ubicación es excelente, pero la casa necesita muchísimo trabajo.*

Agente: *¿Puede ser un poco más específico?*

Cliente: *Los dormitorios necesitan pintura y la alfombra en el pasillo necesita ser sustituida.*

Agente: *¿Hay algo más?*

Cliente: *No.*

Agente: *Si el vendedor realiza las reparaciones, ¿está usted listo para comprar hoy?*

Cliente: *Sí.*

Agente: *Entonces vamos a la oficina y veámoslo en blanco y negro.*

La regla número uno al manejar objeciones es: siempre pide hacer negocios después de que has ofrecido una solución a un problema. Créeme que no hay mejor momento para cerrar un negocio que después de una objeción. En situaciones en que los clientes potenciales no responden tus preguntas o se callan o son tímidos, una buena técnica es pedir su opinión con respecto a algo para así tener la oportunidad de contestar una objeción y cerrar el negocio.

b. **Estado de ánimo de rechazo**

Es un estado en el que el cliente nos entrega con su comportamiento o sus comentarios información vasta y plena de su negativa de compra. Es sencillo darse cuenta de que "no hay forma de que entre en este negocio". Es una cuestión de lenguaje corporal e instinto que se logra con la práctica.

A modo de ejemplo, el cliente puede indicar que ha visto suficiente, que no desea entrar, que le parece que la propiedad es demasiado o que prefiere esperar en el carro. Cuando este estado de ánimo es evidente es mejor retirarse de la propiedad, pues tratar de cerrar el negocio sería un error toda vez que le estarías mostrando al comprador que no eres sensible a sus necesidades.

   c. **Estado de ánimo de aceptación**

Es el estado de ánimo en el cual el cliente está listo para comprar. Sin embargo, te detallo varias señales a las que debes prestarles atención. De hecho, muchos agentes equivocadamente pasan por alto el momento cuando un cliente está listo para comprar. Hacer esto y continuar mostrando propiedades hablando de sus virtudes es conocido como "vender más allá del cierre", y puede ser mortal para una situación de ventas. Cuando un cliente está listo para comprar ¡deja de hablar y comienza a escribir!

Ahora sí, con todos estos conocimientos ya estás listo para lograr cierres exitosos. No lo olvides, un buen cerrador de negocios hace que el proceso de toma de decisiones de compra sea mucho más fácil para su cliente, haciendo constante referencia a sus necesidades y deseos. Los agentes diestros son cuidadosos al seleccionar propiedades que cumplan con los beneficios que busca un comprador, ya que así participan activamente en la decisión de su cliente y cierran negocios mucho más rápido. Por el contrario, un agente que se ve a sí mismo como un simple mostrador, complica el proceso al dejar la decisión de compra enteramente al cliente.

EN RESUMEN...

Para ser un agente inmobiliario diestro tienes que crear un *dossier* con información completa del inmueble, tener claro los beneficios que ofrece el inmueble a tu cliente y estar atento a los estados de ánimo del comprador en el momento justo del cierre de venta.

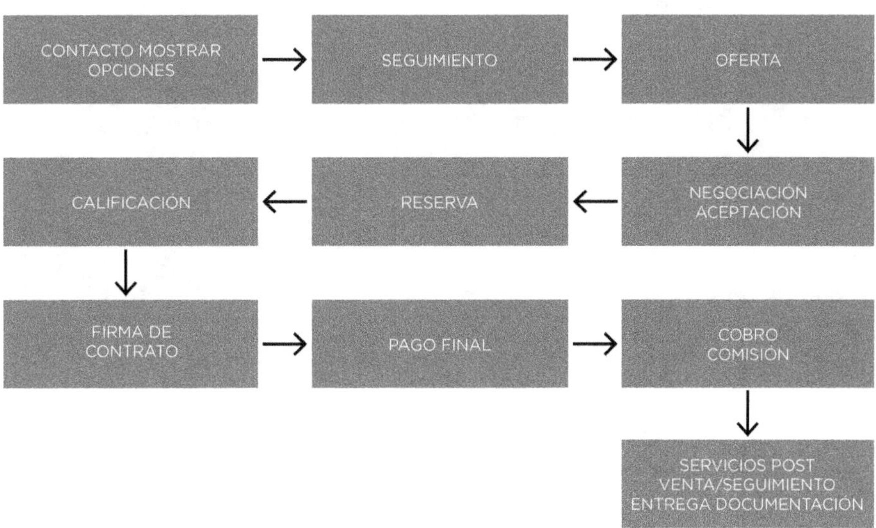

NO TE DESANIMES SI EN TUS PRIMEROS INTENTOS
SOLO SUSCITAS INTERÉS, EXPECTATIVAS Y
DESEOS. VENDE BENEFICIOS Y EXPERIENCIAS, Y
PERSISTE PARA LOGRAR TUS OBJETIVOS.

CREA TU EQUIPO Y NO TE APARTES DE LA ÉTICA

He vivido la posibilidad de recibir alabanzas y muy buenas comisiones como agente inmobiliaria, pero nada se compara con las relaciones ganadas y las metas alcanzadas a través del trabajo en equipo. Solo cuando comprendí esto comencé a ver mis sueños realizados.

La frase "ningún hombre es una isla", del poeta John Donne, no podría ser más atinada para este capítulo. Por más que admiremos el famoso personaje de *El Llanero Solitario*, la verdad es que todos los grandes que han trascendido en sus vidas y negocios no lo han hecho solos. Es un mito que una persona sola puede hacer algo que cambie el rumbo de las cosas sin contar con otros. Hasta Albert Einstein en su aislamiento contaba con personas que colaboraron con él hasta el final de sus días. En la historia, la cultura y las tradiciones de los países no existe nada que supere el trabajo en equipo. ¿Qué hacen los equipos? Logran que las personas participen, lo cual proporciona recursos, ideas y energía a todos los que están dentro de la comunidad.

Recuerdo la época en que era azafata o tripulante de cabina y, en especial, recuerdo mi primera lección de trabajo en equipo durante un entrenamiento de salvamento en el mar en Perú en la noche. Nuestra misión era simular un amerizaje en una balsa. La temperatura era de unos doce grados centígrados, y debíamos llegar a puerto seguro sin guía, ni luz. Éramos un grupo de chicas en medio del mar con apenas los recursos que estaban en aquella balsa.

Estuvimos dando vueltas en el mar durante cuatro horas sin que pudiéramos encontrar un rumbo. Hubo un momento en que todas nos gritábamos y cada quien hacía algo diferente para llegar a su meta, que pensábamos era individual. Estábamos perdidas y cada quien seguía en lo suyo, hasta que nos dimos cuenta de que trabajando cada una con una idea diferente no llegaríamos a ninguna parte. Decidimos olvidarnos de ser todas líderes e individualistas, y trabajar como un equipo donde una de nosotras dirigía al resto, mientras que las demás tenían una asignación diferente que debían ejecutar al unísono, a la voz del líder. Así fue cómo veinte jóvenes sin dirección en medio del mar pacífico en la zona de Ancón logramos llegar a puerto seguro a las tres de la mañana, agotadas pero felices de haber logrado el reto gracias al esfuerzo colectivo.

Allí descubrí que el trabajo en equipo ofrece múltiples perspectivas de cómo resolver un problema, satisfacer una necesidad o alcanzar una meta, ya que un equipo ofrece recursos más amplios y eficaces que una sola persona. Los verdaderos equipos ofrecen créditos por las victorias y asumen la responsabilidad de la derrota en conjunto.

En el negocio de bienes raíces normalmente somos muy individualistas, ya que los vendedores deseamos ganar alabanzas y, sobre todo, ganar comisiones de manera individual. A veces el ego nos hace creer que somos superhombres o supermujeres, y no estamos dispuestos a admitir que no lo podemos hacer todo solos.

La inseguridad es otro de los factores que no nos deja

trabajar como miembros de un equipo, especialmente cuando nos sentimos amenazados por los demás. Sin embargo, se ha demostrado que el compartir éxitos en ventas con nuestros colegas hace posible que podamos mover nuestras propiedades con mayor rapidez, ya que el equipo nos apoya en el logro de nuestras metas personales.

Si deseas ser un vendedor exitoso y trascender en el negocio, debes pasar a ser un miembro de un equipo con miras a ser un líder. Recuerda que los juegos los ganan los individuos, pero los campeonatos los ganan los equipos. Entonces, te preguntarás cómo puedes crear un equipo de ventas exitoso. Lo primero es saber con seguridad cuál es tu visión del negocio y hasta dónde deseas llegar, pues para lograr que un grupo de personas se convierta en un equipo deben tener un gran objetivo en común y una misma visión.

Otro aspecto es encontrar a las personas idóneas que tengan una agenda en común, en las que puedas confiar y que tengan tus mismos valores. Todos los miembros del equipo deben tener habilidades similares, no obstante, cada uno debe especializarse en un área acorde a sus talentos.

Hoy en día es recomendable que en un equipo de vendedores cada uno se especialice en un área, zona o tipo de propiedad específica, pues así todos se benefician del conocimiento individual. Para esto es preciso que antes de iniciar el trabajo con un equipo sepas cuál sería tu lugar apropiado dentro del equipo o especialización. Conócete, ten confianza en ti, reconoce tu experiencia y hazte estas preguntas:

- ¿Cuál es tu sueño?
- ¿Cuál es el tamaño de tu sueño?
- ¿Quiénes serían las personas ideales en tu equipo para alcanzar contigo ese sueño?

Por último, describe cómo deben ser los miembros de tu equipo ideal. Una sugerencia a tomar en cuenta es que deben ser aquellos que sean: intuitivos, comunicativos, apasionados, talentosos, creativos, con iniciativa, responsables, generosos, comprometidos, constantes, con estudios y capacidades, con buena actitud y liderazgo.

Para crear un buen equipo debes convertirte en un líder con integridad. Andrew Carnegie, empresario y filántropo estadounidense, decía que "un negocio rara vez se engrandece, a menos que se base en la más estricta integridad". La integridad en tu visión y en tu vida te dará credibilidad.

Es también menester establecer una estrategia para lograr tus metas pues no es suficiente mirar las escaleras; hay que subirlas. El valor de tener una estrategia es que lleva el proceso hacia la visión, identifica recursos y moviliza a los miembros del equipo para hacer realidad la visión. Por esto, los equipos deben compartir la misma visión, valores y objetivos. Sumado a esto necesitas integridad, objetividad, confidencialidad y colaboración.

Principales valores del agente inmobiliario

En efecto, el agente inmobiliario debe ser ético y tener valores:

- Ética = base del éxito de un profesional de bienes raíces
- Ética + buen servicio = más clientes

El profesional de bienes raíces no tan solo entra a la casa del cliente, sino que entra a su vida con el fin de tener mayor conocimiento para ayudarle y ofrecerle un servicio mejor y más eficiente. La información que se obtiene de los clientes coloca al profesional de bienes raíces en un sitio privilegiado y, a su vez, de responsabilidad ante los demás, pero, en especial, ante ellos mismos y su trabajo. En el ejercicio de tu actividad debe prevalecer el interés del cliente al que se le da el servicio, anteponiéndolo incluso a tus propios intereses, sin dejar de reconocer que es legítimo desear el beneficio y satisfacción de ambos, es decir, que todo sea ganar-ganar.

Como corredores de bienes raíces tenemos la responsabilidad de presentar nuestros servicios con cuidado y diligencia, ser discretos, prudentes, y guardar siempre el secreto profesional, siempre y cuando no perjudiquemos a terceros. Además, nuestras relaciones deben estar basadas en principios de lealtad, motivación y consideración, respetando tanto a nuestros colegas como a nuestros clientes.

Estos son algunos puntos que he aprendido y que te recomiendo en el ejercicio de la profesión:

- No hables mal de otro corredor.
- Informa al propietario si traspasas una propiedad a un colega.
- No valores las propiedades para intereses personales.
- No entregues tarjetas o des tu contacto a un cliente presentado por otro corredor.
- No hagas a tus colegas lo que no te gustaría que te hagan a ti.
- Apoya a tu sector porque juntos crecemos y hacemos mejores negocios.

EN RESUMEN...

Si estás pensando en hacer de tu oficio como agente inmobiliario un estilo de vida, tendrás que aprender a trabajar en equipo y de forma ética. Eso es todo lo que asegurará tu éxito en este negocio, que no es más que la suma de metas personales y profesionales alcanzadas, alrededor de colegas, amigos y familiares.

DALE VALOR A TU OFICIO; CONVIÉRTETE EN UN PROFESIONAL. NO VEAS LOS BIENES RAÍCES COMO UN NEGOCIO DE OPORTUNIDADES, SINO COMO UN NEGOCIO EN EL QUE PUEDES CRECER, GANAR DINERO Y RELACIONES PARA TODA LA VIDA.

YO COMO VENTA = MI ÉXITO EN BIENES RAÍCES

Desde mi punto de vista, el éxito no es más que lograr lo que deseas desde tu corazón, y eso solo puede ser medido por cada persona de manera individual a partir de la consecución de sus objetivos y de sus metas desde el mismo día de su nacimiento, pues el simple hecho de haber nacido ya es un éxito.

Al escuchar la palabra "éxito" llegan muchas ideas a nuestra cabeza: ¿será que tendré éxito algún día?, ¿qué tan complicado puede ser?, etc. Pero, en realidad, ¿qué es el éxito?

No hay instrumento exacto para medir el éxito, es decir, aquello que hace feliz a cada individuo, pero sí hay una constante que está presente en todos los casos: la claridad. Es necesario tener una visión clara de lo que consideramos que nos hace felices, y sentirnos dichosos es vital para llegar a ese punto.

Para ser exitoso en el sector inmobiliario, lo primero que el corredor de bienes raíces debe saber es que para iniciar en este negocio tenemos que estar dispuestos a **correr**, pues de eso se trata en su más mínima expresión: dar servicio al cliente lo más rápido posible, de acuerdo a sus necesidades. Además de la habilidad para actuar con rapidez, podría decirse que las tres cualidades principales de un buen agente son: (i) sentido común; (ii) información actualizada y conocimiento del mercado; y (iii) buenas relaciones públicas.

Ahora bien, el éxito en la venta de bienes raíces se debe al compromiso y al trabajo arduo que requieren todos los negocios y emprendimientos. La combinación de la disciplina personal y el trabajo duro pueden llevar a una carrera excelente, que es tanto productiva financieramente como retadora profesionalmente. En este sentido, un vendedor profesional posee:

- hambre de éxito
- escucha activa
- entusiasmo
- control del tiempo
- automotivación
- interés de crecer y mejorar constantemente

Existen también cualidades que deben ser parte del "ADN del vendedor":

a. **Ser amable, cordial, agradable, tratable, atento y servicial.**

b. **Observar con atención.** Es a través de su mirada que el vendedor muestra interés y atención detallada.

c. **Tener habilidades para la comunicación.** Transmite con precisión, sin cansar al interlocutor, utilizando un lenguaje adecuado, ameno y de fácil asimilación.

d. **Tener capacidad de persuasión.** Es capaz de ofrecer argumentos probados que atraen y pueden inclinar la atención hacia la oferta presentada. Los negociadores hábiles reducen la tensión de comprar y vender cuando persuaden y acortan el proceso considerablemente. Esta es una destreza que debe de ser aprendida por todos los agentes inmobiliarios.

e. **Cumplir con los acuerdos y compromisos.** Su reputación, así como sus acciones constantes, están basadas en su responsabilidad y seriedad.

f. **Aportar soluciones.** Es eficaz y tiene respuestas, o bien salidas novedosas y efectivas.

g. **Ofrece confianza.** Es fiable, proporciona seguridad y certeza.

h. **Respeta a sus clientes.** Valora a su interlocutor bajo la premisa de que su cliente es siempre digno de consideración.

i. **Ejerce presión asertivamente.** Sabe medir su empuje para la toma de decisiones. Existen personas con las que es fácil relacionarse y personas con las que es un poco más complicado. Como agentes inmobiliarios nuestro trabajo es desarrollar al máximo la asertividad.

j. **Sonríe.** Busca la empatía, creando un buen ambiente.

La pregunta que te debes hacer antes de continuar leyendo es: ¿qué tan bueno deseo ser en mi negocio? El éxito viene a los que continuamente trabajan para mejorar sus fortalezas y sus debilidades, conscientes de que la capacitación es una oportunidad sin fin para mejorar. En este sentido, hay también ciertas competencias profesionales que debes dominar para lograr tu éxito en este mercado. Recuerda que estas son:

a. **Prospección.** Es necesario que aprendas a reconocer y encontrar gente motivada y calificada para comprar o vender bienes raíces, para que tu éxito no se vea limitado. Asimismo, te debes convertir en un experto conocedor y captador de nuevas y buenas propiedades en el mercado. Esta es una de las competencias más importantes que te garantizarán el éxito en este campo.

b. **Presentaciones.** En casi todas las ocasiones los compradores y vendedores seleccionan al agente que los representará en sus transacciones inmobiliarias basándose en la forma en que el agente se expuso a sí mismo, a su compañía y a la información que proporcionó. Aquí se manifiesta la preparación y práctica que puede y debe demostrar cada vendedor.

c. **Valuación.** Hay una diferencia entre "captar propiedades" y "captar propiedades que se venden". La diferencia entre una y otra es el precio. Una función primordial para cualquier agente es poder determinar el precio de una propiedad que sea aceptable para ambos, comprador y vendedor, es decir, "el precio de mercado ".

d. **Financiamiento.** Un agente debe tener un conocimiento vasto del capital y de los requisitos para obtener un préstamo. Los compradores y propietarios tienen el derecho de esperar que su agente inmobiliario sea un experto en esta área. La experiencia provee habilidades para determinar tasas de interés, saldos de préstamos, cuotas mensuales, enganches y cualquier costo asociado con un préstamo. Para esto, un agente debe tener un buen conocimiento de calculadoras financieras y de computación.

e. **Tecnología.** Un agente inmobiliario debe estar a la vanguardia de la tecnología y manejar aplicaciones que le permita hacer una mejor tasación, comparar precios, hacer avalúos, etc. Si no lo está, puede que se encuentre con la encrucijada de estar incluso menos informado que sus propios clientes.

f. **Negociación.** En el mundo de los negocios hoy en día todo es "negociable". En muy raras ocasiones se hace una venta sin la discusión de precios y demás demandas, y en una venta inmobiliaria la persona que dirige el rumbo de este trayecto es precisamente el agente.

g. **Información.** Tener información no solo es una competencia profesional requerida, sino que además tanto compradores como vendedores lo esperan de los agentes inmobiliarios. Los clientes quieren que el agente lo sepa todo, desde cómo iniciar los servicios básicos, hasta recomendar quién puede cortar el césped. Muchas veces el factor decisivo para determinar con qué agente trabajar es cuál es el agente tiene más y mejor información. Desde la llegada del internet ya no hay excusas para no estar informado.

No existen limitaciones de lo que puedes crear, ser, hacer o tener, excepto por aquellas barreras y limitaciones que tú mismo te impongas. Sabiendo esto, a continuación, te propongo una serie de ejercicios de autoevaluación para guiar tu camino hacia la creación de un negocio próspero en bienes raíces. Lo primero que debes hacer es conocer quién eres.

Conoce quién eres

1. Evaluación de habilidades

El propósito de este ejercicio es enfocarnos en aquellas áreas a considerar para diagnosticar fortalezas y debilidades. Debes saber con certeza lo que dominas y lo que debes mejorar para poder enfocarte en aquello que destaca más en ti.

Identifica tus siete destrezas personales, desde las más fuertes hasta las que requieren más trabajo. Ten en cuenta que tu debilidad más grande podría ser también una fortaleza. Asimismo, es importante que conozcas a partir de tus destrezas, cuáles son tus oportunidades, debilidades y amenazas para poder trabajar con las cuentas claras.

2. Conoce tus motivadores

Es importante conocer lo que te mueve, cuáles son tus motivaciones, objetivos y metas. Si no tienes claro el para qué haces este trabajo, será muy difícil salir a la calle día a día, pues es un negocio que puede llegar a ser muy lucrativo, pero al igual que todo debes ponerle corazón, dedicarle tiempo y mucho esfuerzo.

Te invito a hacer una reflexión sobre el por qué estás leyendo este libro, y para qué quieres iniciarte o crecer en este negocio. Cuando tengas claro tu gran "POR QUÉ", gracias a esa llama que tienes dentro, el "CÓMO" llegará solo.

Hazte las siguientes preguntas:
a. ¿Realmente me gusta hablar con las personas y recrear sus sueños?
b. ¿Para qué o para quién trabajas?
c. ¿Qué es eso que quieres lograr o tener en la vida?
d. ¿Cuáles son tus cinco principales metas de aquí a un año?
e. ¿Dónde te ves dentro de cinco años?

3. Ten una visión clara

La visión de dónde quieres llegar o quién deseas ser es la guía para establecer tus objetivos. Puedes transformar tu visión en realidad a través del poder de la intención, creyendo en ti y trabajando con enfoque para lograrlo.

Pregúntate:
- ¿Cuál es tu visión?
- ¿Hacia dónde vas?
- ¿Cuál es tu meta principal?

Busca metas que te obliguen a crecer para obtenerlas. Necesitas aprender cosas nuevas para poder conseguirlas, lo cual te proporcionará nuevas herramientas que te ayudarán a ampliar tu visión de lo que es posible, te ayudará a crear nuevas relaciones y aprenderás a dominar objeciones y obstáculos, incrementando así tu autoestima.

Define un plan de acción y decide qué estrategias vas a seguir, estableciendo las ideas, planes y acciones para llegar a tus objetivos, y determinando cuáles serán los recursos que utilizarás para lograr cada paso. En este plan estratégico debes:

- Enfocarte en acciones concretas y específicas.
- Establecer metas diarias, semanales y mensuales.
- Mantenerte positivo.
- Buscar un mentor, preferiblemente.
- Cuidar tus recursos.

En nuestro día a día nos vemos enfrentados con interrupciones, toma de decisiones, presiones externas, el uso de la tecnología, y situaciones en nuestro entorno que nos pueden desenfocar o retrasar en la consecución de nuestros objetivos. Por eso, te recomiendo que al preparar tu agenda diaria tomes en cuenta no desperdiciar el tiempo con gente o acciones que no sean provechosas en el cumplimiento de tus metas. No desperdicies tus pensamientos con ideas que no sean valiosas, pues recuerda que tus pensamientos se convierten en cosas; y no desperdicies tu dinero en aquello que no contribuya a lograr tus objetivos.

Ahora alístate para la captación. Sal a buscar propiedades, pues es el primer paso para iniciar en este gran negocio, y ten siempre listos tus instrumentos de trabajo como los formularios de control, de captaciones o de alquiler, tarjetas de presentación, material publicitario y herramientas tecnológicas como *smartphones*, *tablets*, etc.

Del mismo modo, controla tu negocio llevando estadísticas de ventas, captaciones, inversiones, ingresos, gastos y beneficios. Debes además llevar reportes de clientes, tener controles y seguimientos de visitas, dedicando el 80 % de tu tiempo a lo que te generara ingresos: mostrar propiedades, hacer presentaciones para captar, tramitar contratos de compra o alquiler o comprar propiedades cómo inversión.

EN RESUMEN...

No lo dudes, no tengas miedo, da el primer paso hacia tus objetivos. El éxito en bienes raíces depende en gran parte de ti. Evalúa las destrezas con la que cuentas y verifica las competencias profesionales que necesitas. Capacítate y nunca dejes de invertir en ti tiempo y dinero.

INSPÍRATE EN TU VISIÓN Y CON CREATIVIDAD Y
EMPEÑO LOGRARÁS LO QUE DESEAS

CONOCE OTRAS OPORTUNIDADES DEL NEGOCIO INMOBILIARIO

Una vez me preguntaron cómo hacía para sobrevivir en un mercado que es tan vulnerable al entorno. Mi respuesta fue sencilla: "Dentro del sector, como corredor inmobiliario, existen magníficas formas de producir ingresos fijos mensuales sin tener que cerrar una sola venta".

A medida que se acerca el final del libro, se me hace vital entregarte una información adicional, una que aprendemos con la experiencia, con los golpes, con los vaivenes de la vida y que me he propuesto reunir especialmente para mis colegas. Se trata de todas las oportunidades adicionales que nos ofrece este negocio.

Comenzaré este capítulo hablando de la especialización que podemos alcanzar en bienes raíces. Esta te da la oportunidad de sobresalir dentro del gremio del sector inmobiliario, ya que realmente te conviertes en experto en un área. Puedes desarrollar la especialización por enfoque del bien inmobiliario, es decir, ser experto en inmuebles residenciales, agrícolas o comerciales. Pero, también puedes especializarte por zona geográfica, es decir, ser el que más sabe de compras o alquileres de cualquier tipo en la zona de la costa, en la ciudad "x", en el sector urbano "x", etc.

Veamos con un poco más en detalle los diferentes sectores en los que te puedes especializar en bienes raíces:

a. **Inmuebles residenciales:** este es el enfoque de la mayoría de los corredores de bienes raíces. Involucra todo inmueble que se utilice para vivienda, ya sean apartamentos, casas, terrenos para construir viviendas, propiedades agrícolas con finalidad de vivienda, etc. Como agente en esta área debes tener conocimiento de las zonas urbanas o vecindarios en las que te especialices. Tus clientes serán familias, estudiantes, empresas interesadas en viviendas para sus empleados, etc.

b. **Inmuebles para usos comerciales:** es el enfoque que promueve la adquisición de bienes para inversión. Como corredor de esta área necesitas conocimiento sobre propiedades que producen ingresos y sobre las técnicas para incrementar el flujo de fondos de estas propiedades. Tus clientes serán inversionistas, así que necesitas manejar un lenguaje de inversión. Puede tratarse de propiedades locales para tiendas, edificios de oficinas, centros comerciales, naves industriales, solares para desarrollo, o casas y apartamentos con fines de inversión para generar ingresos.

c. **Inmuebles para uso agrícola:** en este caso te vuelves un especialista de inmuebles de la zona rural destinados al uso agrícola, como pueden ser las fincas destinadas a la producción. Tus clientes son pequeños y grandes empresarios de agricultura, ganado, aunque también pueden ser institutos privados o públicos con interés en investigaciones agroindustriales.

Ahora bien, la verdad es que aunque te especialices los bienes raíces pueden ser un negocio en el que definitivamente existen temporadas de sequía donde la venta de unidades puede ser reducida al mínimo, debido a factores externos que van desde el clima hasta la variación de la moneda. Por eso, es importante que sepas que además de la intermediación o venta de inmuebles, el sector de bienes raíces ofrece otras vertientes y oportunidades de negocios que pueden ser desarrolladas por los agentes y sus empresas a modo de ingreso adicional, tales como las que te presento a continuación.

1. La promoción inmobiliaria

La promoción inmobiliaria es un negocio que regularmente es desarrollado por ingenieros civiles o arquitectos. No obstante, como agentes conocedores del mercado podemos invertir en proyectos de desarrollo. Esto incluye la compra del terreno, lotificación, diseño y construcción, la cual puedes realizar ya sea subcontratando los servicios de ingeniería o en asociación con ingenieros y arquitectos.

2. La tasación de inmuebles

Asimismo, podemos participar del negocio de los avalúos o tasaciones. Este trabajo es normalmente realizado por tasadores graduados, en su mayoría ingenieros. Sin embargo, gracias a que es una especialización que se puede obtener realizando un curso en el Instituto de Tasadores Dominicanos (Itado), podría convertirse en un servicio adicional que podemos ofrecer, complementándolo con análisis comparativos e investigación de mercado para las diferentes áreas del sector, ya sea residencial o comercial.

3. La administración de condominios

La administración de condominios es una rama muy común dentro del área inmobiliaria que nos puede brindar estabilidad, y es un servicio adicional que podemos ofrecer a los propietarios, promotores y constructores al finalizar sus edificios. Se trata de administrar el servicio de mantenimiento de las áreas comunes de la propiedad, como puede ser la limpieza, la jardinería, la contratación de personal y la compra de utensilios de limpieza y mantenimiento.

4. Soluciones integrales de condominio

Estamos en un mundo tan cambiante y competitivo que ofrecer incluso servicios de limpieza, jardinería, fontanería o vigilancia puede ser un buen ingreso adicional, entendiendo además que dar un servicio fácil e integral es lo que cada día más desean nuestros clientes potenciales. "Soluciones integrales" sería el término con que se podría definir este tipo de servicio. Estamos hablando aquí de que cuentas con una empresa adicional capaz de prestar servicios de mantenimiento a conjuntos residenciales o comerciales.

5. La administración de propiedades

La administración de propiedades incluye el

arrendamiento, gestión, comercialización y el mantenimiento del inmueble de terceros. Es un servicio que va más allá de solo cobrar alquileres o el mantenimiento del edificio, pues el administrador se convierte en un representante del propietario, manejando la relación con los inquilinos, considerando que los primeros normalmente no tienen tiempo ni deseo de involucrarse en las complejidades de la administración.

6. Gestor en procesos de financiamiento

A la hora de comprar inmuebles existe una serie de pasos que muchas veces nuestros clientes no saben cómo realizar, o que por falta de tiempo preferirían una asistencia directa. Tal es el caso de la asistencia en los procesos de financiamiento, los cuales suelen ser elementos vitales de las ventas inmobiliarias, ya que se financia más del 90 % de las compras que se realizan en el mercado. Por eso, creo firmemente que conocer y manejar el tema del financiamiento ofrece ventajas competitivas al agente inmobiliario sobre cualquier vendedor de inmueble que solo sepa mostrar propiedades. De hecho, en la actualidad muchos bancos ofrecen interesantes propuestas de colaboración conjunta que nos permiten obtener ingresos residuales a nuestras ventas.

7. Corredor de seguros para inmuebles

También puedes encontrar interesantes ingresos

adicionales en el campo de los seguros para inmuebles. Siendo expertos en esta área podemos negociar ganancias adicionales como intermediarios con los proveedores de estos servicios.

8. *Home staging*

Otra oportunidad es el *home staging*. Es excelente opción si te gusta la decoración de interiores. Se trata de un conjunto de técnicas que permiten realzar una vivienda y darle un aspecto más atractivo para los posibles compradores. *Home staging* significa literalmente "puesta en escena de la casa", lo cual representa un ámbito más en el que nos podemos especializar. Este es un servicio que puedes ofrecer a los propietarios que quieren vender sus viviendas a un alto precio.

9. *Coach inmobiliario*

Es también conocido como servicio de *personal shopper* inmobiliario. En este ofreces un servicio como asesor de otros agentes inmobiliarios, dando consejos a individuos o empresas con respecto a compras o inversiones inmobiliarias. Puedes servirte de una página web y de las nuevas herramientas tecnológicas, como las redes sociales, para promocionar cursos y *eBooks*, a la vez que desarrollas tu marca personal como experto inmobiliario.

10. *Proptech*

Toma en cuenta que hoy en día existen emprendimientos

tecnológicos en el ámbito de bienes raíces que aportan valor al mundo inmobiliario. Estos son los denominados *Proptech*. Estos emprendimientos se perfilan como el futuro del sector, pues cada día se utiliza más la tecnología para generar y cerrar negocios inmobiliarios. Esta también es una oportunidad de crecimiento en el sector que puedes aprovechar.

Hoy en día, mientras más servicios puedas ofrecer a tus clientes más fidelizados se sentirán. El agente de bienes raíces es principalmente un corredor de bienes inmuebles; es decir, un intermediario de compra y venta de inmuebles que gana una comisión por su venta. Sin embargo, no es el único trabajo que puede hacer e, incluso, no debería ser el único trabajo que haga, de manera que pueda generar ingresos en momentos en que las ventas están escazas.

EN RESUMEN...

La especialización en un área o zona, la promoción de bienes inmuebles, la administración de propiedades, la administración de condominios, los servicios integrales de mantenimiento, la tasación, la venta de seguros, la gestoría en financiamientos, el *home staging*, el *coaching inmobiliario* y *proptech* son otras actividades relacionadas muy lucrativas en las que podemos participar con profesionalismo.

UN BUEN CORREDOR INMOBILIARIO ES UN FACILITADOR DE NEGOCIOS

TÉRMINOS UTILIZADOS EN EL SECTOR INMOBILIARIO

A continuación, comparto contigo algunos de los términos más utilizados en el sector inmobiliario basados en el *Real Estate Dictionary* publicado por la Financial Publishing Company. Sé que te serán de mucha utilidad.

Abandono: Entrega de los derechos; el punto cuando un corredor no se esfuerza por dar servicio o vender una propiedad o listado; falta de ejecución.

Abonar en cuenta: Hacer pago en una cuenta.

Abono inicial: Porción del precio total de adquisición pagado preliminar a concluir la transacción. El dinero de resguardo o arras puede ser una parte del abono inicial en su totalidad.

Acción: El elemento de propiedad en una corporación, por lo general dividido en acciones y representado por certificado transferible (puede ser dividido en dos o más clases de derechos divergentes y valores estipulados).

Acción judicial: El acto de litigar; acción legal en una corte judicial, iniciada para recuperar un derecho o reclamo.

Acoso inmobiliario: Acciones discriminantes contra los vendedores.

Acreedor: Prestamista; persona o entidad de negocios de quien se recibe un crédito o préstamo.

Acreedor hipotecario: Prestamista o acreedor que retiene hipotecas de propiedades específicas como garantía para el dinero prestado al prestatario.

Activo: Cualquier elemento de valor.

Activos matrimoniales: Posesiones de un matrimonio, incluyendo cualquier propiedad adquirida durante el matrimonio, individualmente por cualquier cónyuge o conjuntamente por ambos.

Acuerdo común: Punto convergente cuando las partes involucradas coinciden en los mismos aspectos tratados y llegan a acuerdos por medio de oferta y aceptación.

Aceptación: Recibo voluntario por una o más de las partes de un artículo ofrecido por otra o más de las partes.

Acuerdo de corretaje por el comprador: Contrato de empleo con un comprador.

Adjudicación: Decisión judicial o decisión pronunciada por la corte.

Administración de propiedad: Arrendamiento, administración, mercadeo y mantenimiento general de propiedades para terceros.

Administrador judicial: Parte independiente designada por el tribunal para, de manera imparcial, preservar y administrar propiedades que estén involucradas en un litigio, y cuya disposición final se encuentra pendiente ante el tribunal.

Adquisición de hipoteca: Apropiación de hipoteca existente por un comprador.

Adversario: Opositor; persona o un grupo que se opone a otro.

Agencia: Autorización explícita o implícita para que una persona actué en representación de otra.

Agente: Representante; aquel que esta autorizado para actuar a nombre de otro.

Agrícola: Parcela de tierra dedicada a la agricultura; propiedad zonificada como tal.

Albacea: Administrador del estado de una persona fallecida.

Análisis comparativo de mercado: Estimado informal

del valor de mercado llevado a cabo para el vendedor por su concesionario de bienes raíces, para ayudar a obtener un precio de venta apropiado; si está trabajando con un comprador, un estimado informal del valor de mercado servirá para ayudar al comprador a llegar a un precio de oferta apropiado.

Anulable: Contrato que, debido a la manera o método en el cual fue ejecutado, permite que una de las partes anule sus deberes contractuales.

Apelación: Petición a alguna autoridad para decisiones y veredictos.

Apoderado: Aquel que está autorizado para llevar a cabo ciertos actos por otro, bajo carta de personería.

Apropiación indebida: Uso no autorizado o retención de dinero o propiedad que legítimamente le pertenece a otra persona.

Arbitraje: Acto de tener una tercera parte que rinda decisión contractual en disputa entre dos partes.

Arrendador: El terrateniente o dueño; la parte que concede un arrendamiento.

Arrendamiento: Cesión de propiedad por años; un acuerdo que no transmite pertenecía pero que transmite posesión y uso por un periodo de tiempo y por compensación.

Arrendamiento de terreno: Acuerdo para que el inquilino arriende solo la tierra y construya un edificio en esa tierra.

Arrendamiento en base a porcentaje: Un acuerdo para que el arrendatario pague el alquiler en base a las ventas en bruto recibidas al llevar a cabo un negocio en la propiedad arrendada.

Arrendamiento neto: Acuerdo que estipula que el arrendatario pague un alquiler fijo, más los costos de propiedad tales como impuestos, seguro y servicios.

Arrendamiento variable: Acuerdo para que el arrendatario pague incrementos específicos en el alquiler según un índice predeterminado en fechas fijas a futuro.

Arrendatario: Inquilino; parte a la cual se le da un arrendamiento.

Asociación: Organización de personas que tienen un interés en común.

Asociado: Persona que trabaja para un corredor.

Asociado de ventas: Individuo que por compensación es empleado por un corredor o un dueño desarrollador.

Asociación profesional: Sociedad de negocios que incluye a uno o más individuos involucrados en un negocio primario que proporciona un servicio profesional (por ejemplo: abogados, doctores, ingenieros, etc.).

Asociados de venta designados: Dos concesionarios de bienes raíces designados para representar al comprador y al vendedor como agentes individuales en una transacción.

Audiencia: Sesión en la que el testimonio y los argumentos son presentados, especialmente ante un oficial.

Aumento de superficie: El valor agregado como resultado de combinar dos o más propiedades en una parcela mayor.

Avalúo: Servicio profesional provisto por un valuador registrado certificado.

Banquero hipotecario: Individuo (o empresa) que crea préstamos.

Bien mueble: Artículo de propiedad personal.

Bienes de capital: Cierta propiedad mantenida por un contribuyente, sin incluir el inventario por venta a consumidores.

Bienes intangibles: Elemento de valor que carece de sustancia física, existiendo solo en conexión con algo más (por ejemplo, el buen nombre de un negocio).

Bienes Raíces: Terrenos, incluyendo espacio aéreo superior inmediato y la tierra por debajo de los mismos, además de cualquier mejora permanente que afecte la utilidad de la tierra; propiedad inmueble; propiedad que no es de carácter personal.

Bienes tangibles: Cualquier objeto material; propiedad personal e inmueble (por ejemplo, efectivo, un edificio, equipo, terrenos, etc.).

Buena fe: La intención honesta de un parte para hacer negocios, libre de cualquier intento de defraudar a la otra parte; la fidelidad de cada parte a su deber u obligaciones expuestas por contrato.

Cantidad adicional: Dinero u otra propiedad que no constituye aportes en especie, que es dado para compensar la diferencia en valor o la plusvalía entre las propiedades intercambiadas.

Capital: La riqueza colectiva (dinero y propiedad) de

una persona o negocio; la inversión en una propiedad.

Certificado de título: Documento firmado y certificado por un abogado notario), con los respectivos nombres de comprador y vendedor además de la información de la propiedad, donde el vendedor traspasa al comprador dicho inmueble.

Cliente: Aquel con quien el corredor o asociado de venta espera tener éxito en lograr el propósito de empleo. Un miembro del público que es o puede ser un comprador vendedor de una propiedad inmueble y que puede o no estar representado por un concesionario de Bienes Raíces en una relación de corretaje autorizada.

Código de Construcción: Ordenanzas gubernamentales que regulan las prácticas y materiales de construcción.

Comercial: Clasificación de Bienes Raíces que incluye las propiedades que generan ingresos tales como edificios de oficina, gasolineras, centros comerciales, hoteles, estacionamientos, etc .La propiedad comercial generalmente debe ser zonificada para propósitos de negocios.

Comisión: Compensación pagada al corredor o al asociado de ventas por concluir exitosamente una transición de Bienes Raíces.

Compensación: Cualquier elemento de valor o de contraprestación valiosa, pagada directamente o indirectamente, prometida o que espera pagarse o recibirse.

Comprador: El comprador o consumidor de la propiedad de Bienes Raíces bajo el acuerdo de venta.

Concesión de tierra: El instrumento que confiere una propiedad inmueble del estado o gobierno federal a un individuo.

Concesionario: Individuo quien ha calificado para, y se ha registrado como, un corredor de Bienes Raíces, asociado de corredor o asociado de ventas.

Condominio: Proyecto de múltiples unidades que consiste de titularidad individual de una unidad de vivienda y titularidad indivisible de las áreas comunes.

Confabulación: Dos o más partes que conjuntamente intentan defraudar a una tercera parte.

Consejeros: Profesionales que analizan los problemas de Bienes Raíces existentes o potenciales y recomiendan un curso de acción.

Consorcio financiero: Grupo de personas que se asocian unas con otras con el propósito de comprar acciones o unidades a una cantidad especifica por unidad y usar el dinero recaudado para comprar la propiedad inmueble, frecuentemente con el propósito de subdividirla y revenderla.

Contraoferta: Rechazo de la oferta original mediante la proposición de una nueva oferta, de esta manera anulando la oferta original.

Contrato: Acuerdo entre dos o más partes competentes para realizar o no llevar a cabo algún acto legal a cambio de una contraprestación legal.

Contrato de compraventa: (contrato de recibo de depósito; convenio de compraventa; contrato para adquisición) Acuerdo por medio del cual una parte acuerda vender y la otra parte acuerda comprar en cumplimiento con los términos estipulados bajo este documento.

Contrato para venta: (captación) Acuerdo de empleo escrito u oral entre un corredor (o un asociado de ventas empleado por un corredor) y el dueño de la propiedad; la autorización para vender, alquila o intercambiar.

Contrato para venta abierto: Contrato de empleo dado a cualquier cantidad de corredores para que trabajen simultáneamente en vender la propiedad del dueño.

Contrato para venta con derecho exclusivo para vender: Contrato de empleo dado a un corredor de Bienes Raíces como el agente exclusivo para la venta de la propiedad de un dueño donde la comisión de dicha venta va a aquel corredor sin importar quién realmente venda la propiedad durante el período del contrato de empleo.

Contrato válido: Acuerdo ejecutable sobre ambas partes y cuyo cumplimiento es legalmente garantizado contra todas las partes del acuerdo.

Convenio: Garantía o promesa dada formalmente en un documento legal. El acto de ofrecer algo y a la aceptación del ofrecimiento.

Corporación: Persona artificial o ficticia formada para conducir tipos específicos de actividades de negocios.

Corredor: Concesionario que actúa como intermediario entre dos partes y que negocia contratos entre ellas.

Corredor de negocios BR: Concesionario de Bienes Raíces que trabajan en la venta, compra o arriendo de negocios.

Corredor hipotecario: Aquel que encuentra un prestamista para un prestatario potencial y viceversa.

Crédito: El pago o valor recibido.

Cuenta para depósitos en garantía: Cuenta en un banco, utilizada para recaudación de fondos del cliente y no para el depósito de fondos personales; cuenta de reserva o cuenta fiduciaria.

Cumplimiento: Punto en el cual la parte o partes del contrato cumplen con las promesas u obligaciones en el contrato.

Daños y perjuicios: Pérdidas incurridas como resultado de un incumplimiento de un contrato o alguna otra causa.

De buena fe: Sin engaño o fraude; genuino.

Débito: Un cargo o gasto.

Declaración jurada: Declaración jurada escrita ante un notario o un oficial público.

Demanda: La cantidad de bienes o servicios deseados por los consumidores.

Demandado: Persona que responde a un procedimiento de demanda informal antes de ser considerado inocente o ser nombrado como acusado.

Demandante: Persona que hace una alegación o un cargo en contra de otra (demandado).

Demandas conflictivas: Cuando diferentes partes hacen reclamos que son incompatibles unos con otros.

Densidad: El número de casas o lotes por tareas.

Depósito: Dinero u otra contraprestación dada como evidencia de buena fe para acompañar una oferta para comprar o alquilar.

Depreciación: Pérdida de valor por cualquier razón; deducción para propósitos de impuestos.

Derecho de supervivencia: Situación por la cual el co-propietario restante sucede al derecho, título e interés de un co-propietario fallecido sin necesidad de juicio testamentario.

Derecho de uso: Interés arrendatario en una unidad de tiempo compartido en base al tiempo limitado (una o más semanas) especificando en el acuerdo.

Descendientes directos: Descendido en una línea directa de la familia; relacionado o derivado de los antepasados.

Descripción de medidas y límites: Método de descripción legal que identifica una propiedad especificando la forma y dimensiones de límites de una parcela o lote. Comienza al punto de inicio, sigue los límites de la tierra por la dirección de brújula y las medidas lineales, y regresa al punto de inicio.

Descripción de terreno: Identificación escrita definitiva y positiva de una parcela, especificando el terreno y sus ubicaciones.

Descripción legal: Serie de líneas divisorias de la superficie de la tierra.

Desocupar : Dejar de lado, cancelar o anular, dejar vacío.

Difunto: Persona fallecida, generalmente que ha muerto recientemente.

Documento: Cualquier papel escrito que proporciona información o evidencia.

Dominio absoluto de propiedad: Tendencia en propiedad inmueble sin fecha de terminación que puede ser medida por el curso de la vida de un individuo o puede ser heredada por herederos.

Dueño ausente: Dueño de propiedad que no reside en la propiedad y que generalmente cuenta con un administrador de propiedad para supervisar la inversión.

Efectuar una venta: Estipulación en un contrato para

venta que requiere que el corredor obtenga un contrato firmado de un comprador que esté listo, dispuesto y capaz bajo las condiciones especificadas.

Deudor: Un prestatario o deudor hipotecario.

Deudor hipotecario: Prestatario que da una hipoteca en su propiedad a fin de obtener un préstamo de un prestamista.

Embargado: Propiedad o elemento retenido o sujeto a reclamación o cargo por otro.

Embargador: Quien tiene una reclamación o cargo en la propiedad de otro.

Embargo: Escrito legal obtenido para prevenir la remoción de propiedad que se espera será utilizado para satisfacer un veredicto.

Empresa hipotecaria: Empresa de préstamos hipotecarios que origina, califica y vende préstamos a inversionistas.

Encontrar un comprador: Disposición en un contrato para venta (listado) que requiere que un corredor gestione un comprador listo, dispuesto y capaz, o una oferta en los términos especificados.

Erosión: Pérdida gradual de tierra debido al agua u otras causas naturales.

Permuta: Intercambio de una cosa por otra sin mediación de dinero, salvo excepciones.

ESTÁS LISTO(A) PARA SER EXITOSO(A) EN BIENES RAÍCES

¡EMPIEZA HOY!

ESTÁS LISTO(A) PARA SER EXITOSO(A) EN BIENES RAÍCES

¡EMPIEZA HOY!

AGRADECIMIENTOS

¡¡¡Gracias a Dios por su gran amor!!!

Gracias a todos aquellos que me han apoyado en el proceso de creación de este libro y en mi trayectoria profesional y personal, especialmente a mis queridas hermanas Rosanna y Katia Lugo, y a mi tía Ingris Constello, por ser una guía en mi vida. Agradezco también a la Lic. Lourdes Pozo, a la Lic. Reyna Echenique y a la Lic. Gabriela Navarro, mi editora, quien me guió para dar lo mejor en este proyecto.

A ti amigo(a) lector(a), gracias por permitirme acompañarte y guiarte. Te tengo un regalo especial. Regístrate en mi página web **www.marbellugo.com** y recibe una guía gratis para lograr metas y objetivos totalmente gratis.

DIGITAL
MELTING